Positive Kommunikation 2.0

Wie Sie im Beruf oder Alltag mit gezielter Körpersprache positiver wahrgenommen werden

&

mit Rhetorik nachhaltig Ihre Redekunst & Ausdrucksweise verbessern

Jesse Peterson

Inhaltsverzeichnis

Positivere Kommunikation im Beruf und Alltag

Einleitung

Kommunikation ist ein grundlegender Bestandteil Ihres Alltags. Egal ob im Beruf oder im persönlichen Umfeld, wie Sie kommunizieren hat einen enormen Einfluss auf Ihre zwischenmenschlichen Beziehungen. Die Körpersprache und Rhetorik spielen dabei eine entscheidende Rolle. In diesem Buch werden wir untersuchen, wie Sie durch gezielte Körpersprache positiver wahrgenommen werden können und wie Ihnen Rhetorik dabei hilft, Ihre Redekunst und Ausdrucksweise nachhaltig zu verbessern.

Thema 1: Die Macht der Körpersprache

1.1 Nonverbale Kommunikation verstehen

Kommunikation findet nicht nur durch Worte statt, sondern auch durch Ihre Körpersprache. Gestik, Mimik, Körperhaltung und Blickkontakt senden Botschaften aus, die oft lauter sind als das gesprochene Wort. Indem Sie sich bewusstwerden, wie Ihre Körpersprache auf andere wirkt, können Sie gezielt positive Signale aussenden.

1.2 Positive Körpersprache anwenden

Offene Körperhaltung: Eine aufrechte Haltung und geöffnete Arme signalisieren Offenheit und Empfänglichkeit für Ihren Gesprächspartner.

Blickkontakt: Durch Blickkontakt zeigen Sie Interesse und Aufmerksamkeit.

Ein angemessener Blickkontakt stärkt die Verbindung zu Ihrem Gegenüber.

Lächeln: Ein freundliches Lächeln wirkt Wunder und schafft eine positive Atmosphäre.

Gestik: Bewusst eingesetzte Gesten unterstützen Ihre Aussagen und verleihen ihnen mehr Nachdruck.

1.3 Empathie und Spiegelneuronen

Empathie spielt eine wichtige Rolle in der zwischenmenschlichen Kommunikation. Ihre Körpersprache kann dazu beitragen, Empathie zu zeigen und eine Verbindung zu Ihrem Gesprächspartner herzustellen. Spiegelneuronen ermöglichen es Ihnen, die Emotionen anderer Menschen nachzuempfinden. Indem Sie Ihre Körpersprache anpassen und sich einfühlen, können Sie eine positivere Kommunikation fördern.

1.4 Körpersprache im Beruf

Im beruflichen Kontext ist eine positive Körpersprache besonders wichtig. Sie kann Ihnen dabei helfen, Autorität, Kompetenz und Vertrauenswürdigkeit zu vermitteln. Indem Sie bewusst an Ihrer

Körpersprache arbeiten, können Sie Ihre beruflichen Beziehungen stärken und erfolgreicher kommunizieren.

Thema 2: Die Kunst der Rhetorik

2.1 Die Bedeutung von Rhetorik

Rhetorik bezieht sich auf Ihre Fähigkeit, überzeugend zu sprechen und Ihre Zuhörer positiv zu beeinflussen. Eine gute Rhetorik hilft Ihnen dabei, Ihre Gedanken klar und überzeugend zu formulieren und Ihre Botschaften effektiv zu vermitteln.

2.2 Verbesserung der Redekunst

Klarheit und Struktur: Eine gute Rede oder Präsentation sollte eine klare Struktur haben und leicht verständlich sein. Eine klare Botschaft und eine logische Argumentation sind entscheidend.

Verwendung von Sprache: Eine angemessene Wortwahl und ein passender Sprachstil tragen dazu bei, dass Ihre Botschaften präzise und überzeugend sind. Sie sollten sich bewusst sein, wer Ihre Zuhörer sind und Ihre Sprache entsprechend anpassen.

Stimme und Betonung: Die Art und Weise, wie Sie sprechen, beeinflusst die Wirkung Ihrer Worte. Eine klare und gut verständliche Aussprache, angemessene Lautstärke und Betonung können Ihre Rede lebendig und überzeugend machen.

2.3 Körpersprache und Rhetorik kombinieren

Eine erfolgreiche Kommunikation erfordert die Integration von Körpersprache und Rhetorik. Indem Sie Ihre Körpersprache bewusst einsetzen und sie mit Ihrer Rhetorik abstimmen, können Sie Ihre Botschaften noch wirkungsvoller vermitteln. Ein stimmiges Gesamtbild aus Worten, Gesten, Mimik und Körperhaltung verstärkt die Überzeugungskraft Ihrer Kommunikation.

Praktische Übungen für eine positive Kommunikation

3.1 Körpersprachliche Übungen

Spiegelübung: Stehen Sie vor einem Spiegel und beobachten Sie Ihre Körpersprache. Nehmen Sie bewusst verschiedene Haltungen ein, um zu sehen Sie, wie sie auf Sie wirken. Experimentieren Sie mit offener und geschlossener Körperhaltung, um ein besseres Verständnis für die Wirkung Ihrer Körpersprache zu entwickeln.

Videoanalyse: Nehmen Sie sich bei einer Präsentation oder einem Vortrag auf Video auf und analysieren Sie anschließend Ihre Körpersprache. Achten Sie auf ungewollte Signale, die Sie aussenden, und identifizieren Sie Bereiche, in denen Sie Ihre Körpersprache verbessern können.

3.2 Rhetorische Übungen

Vorbereitung und Struktur: Üben Sie das Verfassen und Halten von Reden oder Präsentationen. Legen Sie besonderen Wert auf die Strukturierung

Ihrer Gedanken und die klare Formulierung Ihrer Botschaften.

Stimme und Betonung: Nehmen Sie sich beim Lesen von Texten oder Gedichten auf und experimentieren Sie mit Ihrer Stimme und Betonung. Üben Sie verschiedene Tonlagen und betonen Sie wichtige Wörter und Phrasen, um Ihre Ausdruckskraft zu verbessern.

Merken Sie sich:

Die bewusste Anwendung von Körpersprache und Rhetorik kann Ihnen dabei helfen, eine positivere Kommunikation im Beruf und Alltag zu erreichen. Indem Sie sich mit Ihrer Körpersprache auseinandersetzen und Ihre rhetorischen Fähigkeiten verbessern, können Sie Ihre Redekunst und Ausdrucksweise nachhaltig stärken und verbessern. Die Macht der Körpersprache und Rhetorik liegt in ihrer Fähigkeit, Ihre Botschaften zu unterstützen, Emotionen zu vermitteln und eine Verbindung zu Ihren Gesprächspartnern aufzubauen.

Mit Übung und Bewusstsein können Sie diese Werkzeuge nutzen, um eine positive und effektive Kommunikation zu fördern.

Tipps und Tricks für eine positivere Kommunikation

1.1 Aktives Zuhören

Aktives Zuhören ist eine Schlüsselkompetenz für eine positive Kommunikation. Es bedeutet, anderen vollständige Aufmerksamkeit zu schenken und nicht nur ihre Worte, sondern auch ihre nonverbale Kommunikation zu erfassen. Üben Sie bewusstes Zuhören, indem Sie Ihre eigenen Gedanken zurückstellen, Fragen stellen und zusammenfassen, um sicherzustellen, dass Sie die Botschaften Ihres Gesprächspartners vollständig verstehen.

1.2 Positive Sprachwahl

Die Art und Weise, wie Sie sprechen, beeinflusst maßgeblich die Stimmung und Reaktionen Ihres

Gegenübers. Verwenden Sie eine positive und konstruktive Sprachwahl. Anstatt sich auf Probleme zu konzentrieren, suchen Sie nach Lösungen. Vermeiden Sie negative und abwertende Begriffe und betonen Sie stattdessen die Stärken und positiven Aspekte.

1.3 Feedback geben und annehmen

Feedback ist ein wertvolles Instrument für eine positive Kommunikation. Geben Sie konstruktives und ehrliches Feedback, das darauf abzielt, Verbesserungen anzustoßen und das Wachstum des Gegenübers zu fördern. Gleichzeitig sollten Sie auch bereit sein, Feedback anzunehmen und offen für konstruktive Kritik zu sein.

1.4 E-Mail-Kommunikation

In der heutigen digitalen Welt ist auch die E-Mail-Kommunikation allgegenwärtig. Achten Sie darauf, Ihre E-Mails klar, präzise und freundlich zu formulieren. Vermeiden Sie Missverständnisse, indem Sie sich Zeit nehmen, um Ihre Nachrichten zu überprüfen, um sicherzustellen, dass diese angemessen und positiv wahrgenommen werden.

1.5 Konflikte konstruktiv angehen

Konflikte sind unvermeidlich, ob im Beruf oder Alltag. Aber eine positive Kommunikation kann helfen, sie konstruktiv anzugehen. Bleiben Sie ruhig, hören Sie zu und suchen Sie nach Lösungen, anstatt die Situation eskalieren zu lassen. Halten Sie den Fokus auf das Problem und nicht auf die Person.

1.6 Dankbarkeit ausdrücken

Zeigen Sie Dankbarkeit und Wertschätzung gegenüber anderen Menschen. Nehmen Sie sich die Zeit, um Dankesworte auszusprechen oder kleine Gesten der Anerkennung zu zeigen. Eine positive Kommunikation beruht auch auf dem Ausdruck von Dankbarkeit für die Beziehungen und Leistungen anderer.

Merken Sie sich:

Eine positive Kommunikation hat eine immense Bedeutung im Beruf und im Alltag. Sie trägt zur Entwicklung von Vertrauen, besseren Beziehungen und einer positiven Arbeitsatmosphäre bei. Durch bewusste Übungen, eine positive Sprachwahl und Empathie können Sie Ihre Kommunikationsfähigkeiten verbessern und ein unterstützendes und harmonisches Umfeld schaffen. Investieren Sie Zeit und Mühe in eine positive Kommunikation und erleben Sie die positiven Auswirkungen auf Ihr persönliches und berufliches Leben.

Lassen Sie uns nun das Thema der Körpersprache näher betrachten. Seien Sie sich aber bewusst, dass jeder Mensch, Botschaften und Signale anders wahrnehmen kann und ebenso Signale und Emotionen auf unterschiedliche Weise ausdrücken kann. Es gibt jedoch sehr viele Gemeinsamkeiten in der menschlichen Körpersprache, die immer unterbewusst und nach den gleichen Mustern ablaufen. Nutzen Sie das folgende vermittelte Wissen für einen positiveren Umgang mit anderen und für Ihr eigenes positives Auftreten.

Einleitung

Während das gesprochene oder geschriebene Wort leicht zu manipulieren ist, ist es die Körpersprache nicht. Natürlich kann auch hier getrickst werden und oft setzt man in Situationen ein Lächeln auf, in welchen einem normalerweise nicht danach ist. Doch die Körpersprache des Menschen verrät es.

Es hilft deshalb, die Zeichen der menschlichen Körpersprache lesen und analysieren zu können. Mit dieser Fähigkeit kann man einfach Lügner erkennen, erfahren, was andere von einem oder seiner Meinung halten und wie man selbstbewusst auf andere wirkt. Die Körpersprache kann nicht bis ins letzte Detail manipuliert werden und ist die ehrlichste Art der Kommunikation. Sie macht 60 bis zu 65 Prozent der menschlichen Kommunikation aus und gibt einen Einblick in die Seele und in das emotionale Innere eines jeden.

In diesem Buch erfahren Sie, welche fünf Regionen bei der Analyse der Körpersprache entscheidend sind und was die einzelnen Bausteine der Körperregionen bedeuten. Was steckt hinter verschränkten

Armen und wieso sind die Füße die ehrlichsten Teile des Körpers? Mit den Tipps in diesem Buch erfahren Sie, wie Sie schnell Lügner entlarven, auf andere selbstbewusster und positiver wirken und wie Sie die Gedanken anderer anhand ihrer Körpersprache besser deuten können für eine positivere Kommunikation.

Warum Körpersprache lesen wichtig ist

Menschen kommunizieren bewusst und unbewusst nicht nur durch ihre Sprache, sondern auch durch die sogenannte nonverbale Kommunikation, die sich nicht in Worten, sondern in Mimik, Gestik und Körperhaltung äußert. Diese ist allgemein als Körpersprache bekannt.

Körpersprache nimmt einen Großteil der menschlichen Kommunikation ein. Sie kann dabei helfen, die Gefühle, Meinungen und Motivationen eines anderen Menschen zu verstehen. Man sollte deswegen lernen, die Körpersprache anderer Menschen lesen zu können. Das hilft einem nicht nur dabei, die andere Person zu verstehen, sondern auch, weitere Handlungen und Gefühle vorherzusehen.

In diesem ersten Abschnitt lernen Sie nicht nur alle notwendigen Grundregeln, um Körpersprache anderer erfolgreich zu verstehen.

Sie lernen auch, Lügner zu entlarven, das eigene Selbstbewusstsein mithilfe Ihrer Körpersprache zu stärken und für anderen Ihre Autorität zu signalisieren. Zusätzlich werden Sie erfahren, wie Sie einfach anhand der Körpersprache anderer, deren Gedanken lesen können.

Die Körpersprache sollte nicht außer Acht gelassen werden, wenn es um die Kommunikation zwischen Menschen geht. Sie zeigt uns die natürliche Haltung der anderen Person und versteckt sie nicht, wie es oft bei dem gesprochenen Wort der Fall ist – alles hinter einer zurechtgelegten Maske. Körpersprache kann vom Menschen zwar beeinflusst und bis zu einem gewissen Punkt gelenkt werden, jedoch nie so perfekt, dass man wahre Emotionen nicht entlarven kann oder die wahre Meinung des Partners erkennen kann.

In der Mimik, Gestik und der Haltung des eigenen Körpers finden sich häufig mehr Informationen als im Gesprochenen Wort. Lenken Sie also Ihre Aufmerksamkeit mithilfe dieses Buches auf die Körpersprache Ihrer Gesprächspartner und entschlüsseln Sie die Wahrheiten, die Ihnen bis jetzt verborgen geblieben sind.

So lesen und interpretieren Sie Körpersprache richtig

Damit Sie erfolgreich lernen, wie Sie die Körpersprache Ihrer Mitmenschen lesen können, müssen Sie zunächst einige Regeln kennenlernen, die bei der richtigen Analyse von Signalen helfen und vermeiden, dass Sie hierbei Fehler machen.

CLUSTER: DIE TEILE EINES PUZZLES

Als Erstes ist es wichtig anzumerken, dass ein Merkmal allein nie reicht, um eine Motivation, Emotion oder eine Lüge zu entlarven. Verschränkt jemand die Arme vor der Brust, ist das nicht sofort eine Abwehrhaltung. Dem Menschen kann lediglich kalt sein oder er kann sich mit dieser Pose selbst schützen oder kleinmachen, um keinen Platz im Raum einzunehmen.

Achten Sie bei der Analyse von Körpersprache immer auf den ganzen Körper und immer auf die im nächsten Kapitel beschriebenen fünf Regionen der Körpersprache: Gesicht, Torso, Arme, Hände (Finger) und schließlich die Füße. Erst gemeinsam ergeben diese Merkmale Sinn und können Ihnen Hinweise auf die Gedanken und Beweggründe der anderen Person geben.

DER KONTEXT UND DIE KÖRPERHALTUNG

Nicht jede Körperhaltung bedeutet in jeder Situation das Gleiche. In verschiedenen Umgebungen und an unterschiedlichen Menschen können die Haltung des Körpers sowie die Gestik und Mimik verschiedene Bedeutungen haben. So kann beispielsweise das Wippen mit den Füßen bedeuteten, dass die Person ungeduldig ist und/oder sich freut. Sie kann aber auch dann mit den Füßen wippen, wenn sie gerade eingeschlafene Füße hat. Es ist deshalb wichtig, nicht nur auf die Körpersprache allein zu achten, sondern auch die Situation an sich in die Analyse einzubeziehen.

ACHTEN SIE AUF VERÄNDERUNGEN

Ein wichtiger Punkt beim Lesen der Körpersprache anderer Menschen ist es, zu wissen, wie sie sich normalerweise verhalten. Dies nennt man auch die „Baseline“. Diese Baseline spiegelt wider, wie Menschen sich in nicht gestressten Situationen unter gewöhnlichen Umständen verhalten. Es gibt Personen, die fast immer mit den Händen zittern und auch Menschen, die das nur tun, wenn sie Angst haben oder auf andere Weise gestresst sind. Es ist hilfreich zu wissen, wie Personen normalerweise ihren Körper halten und wie sie sonst sprechen. Erst, wenn sich nach einem angesprochenen Thema ein Verhalten einstellt, kann man davon ausgehen, dass sich dies aus Nervosität eingestellt hat. Beobachten Sie also Veränderungen in der Körperhaltung, der Stimme und dem allgemeinen Umgang der Person. Veränderungen deuten fast immer auf Stress hin.

Bonus-Tipp: Die Baseline können Sie ganz einfach erkennen, indem Sie das Gespräch zunächst locker und sicher halten.

Sprechen Sie über das Wetter, über ein freudiges Thema oder über etwas Neutrales, dass den Gesprächspartner nicht betrifft. Wechseln Sie dann zu dem eigentlichen Thema und beobachten Sie, ob sich Veränderungen einstellen.

GEMISCHTE SIGNALE

Es geschieht häufig, dass Menschen, während eines Gesprächs, sowohl freudige als auch negative Signale zeigen. Beispielsweise wechselt sich ein eher ernsthafter Gesichtsausdruck mit einem lockeren ab, oder es wird gelächelt, während die Augen eher trist aussehen. Werden Ihnen diese gemischten Signale gezeigt, seien Sie vorsichtig und aufmerksam:

Freudige Signale werden nicht selten vorgetäuscht, um die negativen zu überspielen. Gemischte Signale entstehen nur dann, wenn Emotionen von anderen überspielt werden. Entdecken Sie demnach gemischte Signale im Gesicht und in der Körperhaltung Ihres Gegenübers, bedeutet das, dass Ihnen gerade eines oder mehrere Gefühle vorgespielt werden.

Die fünf Regionen der Körpersprache

Es gibt fünf Regionen, in denen die Körpersprache eines Menschen ersichtlich werden kann. Das ist der Bereich des Gesichts, des Torsos, der Arme, der Hände und Finger sowie der Füße. Hier folgt nun eine kurze Einführung in die einzelnen Regionen und ihre Bedeutung für die Körpersprache des Menschen. Denken Sie jedoch daran, dass die Analyse einer dieser Regionen noch nicht auf eine Emotion oder einen Gedanken schließen lässt. Auch hier gilt, dass der ganze Körper beachtet werden muss.

GESICHT

Das Gesicht ist meist der erste Teil, der einem auffällt, wenn man mit einer anderen Person kommuniziert. Es ist zugleich auch, der am schnellsten und einfachsten manipulierte Teil des ganzen Körpers. Ein Lächeln kann vorgetäuscht werden, auch ein Lachen oder ein ernster Gesichtsausdruck kann leicht gezeigt werden, ohne dass diese Gefühle und Gedanken wirklich hinter dem Gesicht des Menschen stehen. Das kommt daher, dass Menschen schon von klein an darauf trainiert werden, höflich zu sein oder Schwächen nicht zu zeigen. Das äußert sich oft darin, dass die eigentlichen Gefühle und Gedanken nicht gezeigt oder ausgesprochen werden. Ein Mensch zeigt eher die Emotionen, die er gerade als angemessen empfindet und die den anderen nicht verletzen. Bei einer langweiligen Geschichte eines Verwandten versucht man deswegen, nicht zu gähnen und mit einem lächelnden Nicken die Erzählung weiterzuverfolgen. Das dient dazu, die Harmonie nicht zu zerstören und den Gesprächspartner nicht zu verletzen.

Im Gesicht gibt es besonders zwei Partien, die häufig an der Mimik und somit der Körpersprache beteiligt sind. Einmal ist es die Augenpartie, die die Stirn einschließt und bis kurz unter die unteren Augenlider geht. Augen können aufgerissen und zusammengekniffen werden, die Stirn kann gerunzelt werden oder glatt liegen. Die zweite Partie ist der Bereich um die Nase und den Mund.

Hier kann das breite Lächeln entstehen, die Mundwinkel nach unten gezogen werden oder die Nase gerümpft werden.

TORSO

Der Bereich des Torsos beginnt bei den Schultern und endet bei den Hüften. In der Mitte des Körpers befinden sich die lebenswichtigen Organe, wie Herz, Nieren, Leber, Magen und viele andere. Dieser Teil wird deswegen oft durch das Wegdrehen von unangenehmen Situationen beschützt und nur dann klar und verletzlich gezeigt, wenn man sich sicher fühlt und Dinge als positiv, angenehm und ungefährlich erachtet. Der Torso kann zudem auch gekrümmt werden oder in einer geraden Position vollends gezeigt werden.

ARME

Die Arme beginnen bei den Schultern und enden bei den Handgelenken. Sie können auch auf viele Arten und Weisen für das Sprechen mit dem eigenen Körper genutzt werden. Arme können locker an den Seiten des Körpers hängen oder vor der Brust verschränkt sein.

Sie können hinter dem Körper gehalten werden oder in einer Geste offengehalten werden. Auch die Bewegungen der Arme können analysiert werden und etwas über den Gemütszustand des Menschen aussagen. Während einige vor Nervosität die Arme hin und her schwingen, erstarren die anderen vor Angst und bewegen ihre Arme gar nicht mehr.

HÄNDE UND FINGER

Besonders Menschen, die während des Sprechens zum Gestikulieren neigen, benutzen ihre Hände und Finger nicht nur dazu, eine Geschichte zu erzählen, sondern offenbaren dabei nicht selten auch ihre eigenen Gefühle. Vermehrtes Gestikulieren kann auf Nervosität hindeuten, während die bekannte „Dach“-Stellung der Finger auf Autorität und Ruhe schließen lässt. Finger können gekreuzt werden, klatschen, auseinandergespreizt werden oder in den

Hosentaschen verschwinden. Sie können sichtbar auf dem Tisch liegen oder sich gegenseitig kneten. Die Sprache der Hände und Finger ist zudem nicht so leicht zu beeinflussen, wie der Ausdruck des Gesichts.

Füße

Die Region der Füße wird bei dem Vortäuschen der eigenen Emotionen am wenigsten bedacht und ist dadurch die ehrlichste. Füße können stillstehen, sich schnell bewegen, wippen oder in verschiedene Richtungen zeigen. Die Füße eines Menschen, ähnlich wie der Torso, zeigen gern in die Richtung der Dinge, in die sie gehen wollen und zu dem, wo sie sich sicher fühlen. Füße können beispielsweise auch zeigen, ob der Gesprächspartner gleich einen Termin hat oder sich noch stundenlang mit einem unterhalten kann.

Die Sprache des Gesichts

Auch, wenn der Ausdruck des Gesichts leicht zu verändern ist und echte Emotionen hier am leichtesten überspielt werden können, kann man die Signale des Gesichts zu deuten, lernen und mit fürsorglicher Beobachtung auch erkennen, wann ein Lächeln nicht echt ist, wann negative Emotionen von positiven übertüncht werden und wann man die Aufmerksamkeit des anderen verloren hat.

AUGEN AUFREIßEN UND ZUSAMMENKNEIFEN

Augen sind ein häufig benutztes Mittel des emotionalen Ausdrucks. Sie können aufgerissen und zusammengekniffen werden. Diese beiden Gesten lassen auf starke Emotionen schließen, während das neutrale Öffnen und Schließen der Augen eine eher ruhige Verfassung ahnen lässt. Das Aufreißen der Augen kann einige Dinge bedeuten: Dies kann heißen, dass man überrascht ist.

Diese Überraschung hält aber nur einige Sekunden an. Werden die Augen aufgerissen gelassen, kann man darauf schließen, dass die Überraschung nur vorgetäuscht wird. Aufgerissene Augen können auch Freude und Euphorie bedeuten. Diese Mimik ist aber auch dann zu beobachten, wenn jemand Angst hat oder gestresst und angespannt ist. Zusammengekniffene Augen hingegen bedeuten meist Ärger, Wut oder Zweifel. Nicht selten sind zugekniffene Augen mit einer gerunzelten Stirn gepaart. Hier bildet sich eine Falte zwischen den Augenbrauen. Man kneift also dann die Augen zusammen, wenn man eher negative Emotionen hat und sich vom Reiz abwenden möchte. Man vertraut seinem Gegenüber nicht oder ist wütend. Bei aufgerissenen Augen schaut man sich den Reiz genau an, möchte sich nicht von ihm abwenden oder möchte ihn nicht aus den Augen lassen, um die Gefahrensituation abzuschätzen.

Ein sehr auffälliges Merkmal ist das plötzliche Augen-Aufreißen und daraufhin das schnelle Verengen der Augen. Das lässt darauf schließen, dass die Person etwas stark Negatives erlebt hat.

Zunächst wird der Reiz oder das Ereignis genau gesehen und danach wird sich von ihm mithilfe der zugekniffenen Augen distanziert.

BLICKVERMEIDUNG

Wenn der Reiz so aversiv und störend ist, dass nur die Augen zusammenzukneifen nicht reicht, wird auch der komplette Blickkontakt mit dem Reiz vermieden. Es wird sich zur Seite gedreht, die Augen geschlossen oder am Reiz vorbeigeschaut. Vermeidet jemand den Blick auf etwas oder jemanden, zeugt das meist von starken negativen Gefühlen oder einer Lustlosigkeit, sich mit dem Gegenstand oder der Person auseinanderzusetzen. Zuletzt kann die Vermeidung des Blickes jedoch auch Schüchternheit bedeuten. Es gibt viele Personen, die den Blick mit anderen vermeiden, weil sie sich nicht trauen, die andere Person anzusehen, oder Angst davor haben, angesprochen zu werden. Die Vermeidung des Blickes ist wie die Abwendung des Torsos demnach ein Schutzmechanismus.

Blicke können auch dann vermieden werden, wenn man Angst hat. Das ist zum Beispiel bei einem Horrorfilm nicht selten. Man hält sich dann die Hände vor die Augen, dreht sich weg oder vergräbt den Kopf unter der Decke.

BLITZARTIGES AUGEN-AUFREIßEN

Reißt ein Mensch blitzartig seine Augen auf und zieht dabei die Augenbrauen hoch, zeugt das von Überraschung. Ob eine Überraschung wahr oder unecht ist, erkennt man an der Länge des Augen-Aufreißens. Dauert das Aufreißen der Augen nur einige Sekunden oder sogar nur einen kurzen Augenblick, handelt es sich um echte Überraschung. Reißt jemand jedoch für eine halbe Minute ununterbrochen seine Augen weit auf, spielt er nur vor, überrascht zu sein. Das kommt daher, da Menschen, die ihre Emotionen vorspielen, dies meist übertrieben tun, um wirklich den Effekt zu erlangen, den sie erreichen wollen.

MIT DEN AUGEN BLINZELN

Beim Blinzeln der Augen ist die Baseline der Person sehr bedeutend. Es gibt Menschen, die an sich öfter und vermehrt blinzeln und Personen, die sehr langsam und seltener blinzeln. Das hängt von einigen Faktoren ab. Beispielsweise blinzeln Personen, die Kontaktlinsen tragen, öfter als Menschen, die eine Brille aufhaben.

Wenn man nun weiß, wie oft die Person, mit der man gerade kommuniziert, blinzelt, kann man die Veränderung bei Stress besonders gut bemerken. Vermehrtes Blinzeln mit den Augen lässt auf Stress, Unruhe und Angst schließen. Blinzelt eine Person hingegen seltener mit den Augen, ist sie entspannt und ruhig. Wenn eine Person jedoch plötzlich komplett mit dem Blinzeln aufhört, kann dies auf einen Schock hindeuten.

DER SCHIEFE BLICK

Den Ausdruck „schief angesehen werden“ kennt jeder. Es bedeutet in der Regel, eher negativ oder argwöhnisch angeschaut zu werden. Legt eine Person ihren Kopf schief, sieht einen aus einem Winkel an und kneift dabei womöglich die Augen zusammen, bedeutet das genau das: Argwohn und Misstrauen. Der schiefe Blick entsteht dann, wenn einem das Vertrauen der anderen Person nicht komplett geschenkt wird. Das Gegenüber hat sich noch kein klares Bild von einem machen können oder stimmt der Meinung, die man gerade geäußert hat, nicht zu.

LÄCHELN

Das Lächeln ist weltweit der bekannteste Gesichtsausdruck und hat unabhängig von der Kultur und der Sprache immer die gleiche Bedeutung: Freude und allgemein eine positive Stimmung. Menschen lächeln, wenn sie glücklich sind, sich freuen oder einen lustigen Witz gehört haben. Doch nicht jedes Lächeln ist ein echtes Lächeln.

Gerade dieser Ausdruck wird oft in sozialen Situationen vorgespielt, um anderen zu gefallen, andere Personen nicht zu verletzen oder höflich zu sein. Bei dem wahren Lächeln bilden sich kleine Falten um die Augen. Die Augen selbst lächeln also mit und werden etwas zusammengekniffen. Bei einem vorgespielten Lächeln passiert nichts in der Region der Augen. Es werden einzig und allein die Mundwinkel nach oben gezogen und eventuell noch die Zähne gezeigt. Bei einem wahren Lächeln gehen die Mundwinkel nach oben, die Wangen werden hochgeschoben und eventuell bilden sich an den Seiten des Mundes Grübchen. Die Augen sind etwas zusammengekniffen und die Nase kräuselt sich oder schiebt sich leicht nach oben.

VERSCHWUNDENE LIPPEN

Anstatt seinen Mund im Lachen oder im Schreien aufzureißen, kann man seine Lippen auch einziehen und verschwinden lassen. Auch dies hat eine Bedeutung: Wer seine Lippen verschwinden lässt, hat etwas zu verbergen. Das kann ein Geheimnis sein oder aber auch eine Meinung, die man nicht mit seinem Gesprächspartner teilen möchte. Die verschwundenen Lippen können Frust sowie auch Scham ausdrücken, welche beide auf das Verheimlichte zurückgeführt werden können.

Wenn eine Person ihren Mund eng geschlossen hält und die Lippen verschwinden lässt, kann das auch als „die Schotten dicht machen“ verstanden werden. Man möchte dann dafür sorgen, dass das bestehende Problem nicht zu nah an einen herankommt.

GESCHÜRZTE LIPPEN

Wenn eine Person die Lippen schürzt, während jemand anderes gerade spricht, stimmt sie der sprechenden Person nicht zu und ist davon überzeugt, eine alternative Lösung zu haben.

Diese Mimik ist besonders in Diskussionsrunden zu beobachten. Nicht jeder, der einer anderen Meinung ist, teilt diese auch mit seinen Mitstreitern.

ABFÄLLIGES GRINSEN

Beim abfälligen Grinsen geht die halbe Gesichtshälfte ein Stück nach oben. Dies kann auch als „halbes Lächeln“ interpretiert werden. Hierbei handelt es sich jedoch eher um eine abfällige und arrogante

Geste, die bedeutet, dass der Grinsende auf den Gesprächspartner herunterblickt, sich für etwas Besseres hält oder meint, er habe die Oberhand.

STIRNRUNZELN

Das Runzeln der Stirn kann mehrere Bedeutungen haben. Zunächst kann es bedeuten, dass sich die Person gerade konzentriert oder dass sie sich tief in ihren Gedanken befindet. Auch kann das Runzeln der eigenen Stirn ein Anzeichen dafür sein, dass etwas dem Menschen gerade nicht passt, dass etwas anders läuft als gedacht und dass es jetzt gilt, umzudenken. Auch im Zusammenhang mit zugekniffenen Augen kann das Runzeln der Stirn auf eine wütende Stimmung hindeuten.

GESENKTER ODER HOHER KOPF

Den Ausdruck „Kopf hoch" kennt jeder. Er bedeutet, dass man wieder Mut fassen soll und anstatt den Blick nach unten zu richten, nach vorn blicken soll.

Doch das ist nicht nur symbolisch zu sehen. Auch buchstäblich kann man diese Geste dafür verwenden, selbst wieder selbstbewusster zu sein und Missgeschicke an sich vorbeiziehen zu lassen. Ein hoch gehaltener Kopf lässt oft auf Arroganz schließen, während ein geradeaus schauender Kopf vermuten lässt, dass die Person zwar selbstsicher ist, sich jedoch auch über die eigenen Limitationen bewusst ist. Ein gesenkter Kopf hingegen bringt Unsicherheit und Trägheit wie auch Scham zum Ausdruck. Einem Menschen, der seinen Kopf gesenkt hält, traut man nur wenig zu. Und man sieht ihm zugleich an, dass auch er sich nur wenig zutraut.

Die Sprache des Torsos

Auch die Region des Torsos kann einen guten Einblick über die wahren Gefühle und Gedanken eines jeden Menschen geben. Diese Region wird seltener kontrolliert als das Gesicht, sodass hier öfter die wahren Emotionen unbeeinflusst von den unechten Emotionen, die man dem anderen vorspielen möchten, bleiben.

WEGDREHEN UND WEG LEHNEN

Da sich im Torso viele lebenswichtige Organe befinden, beschützt das Gehirn von ganz allein und durch die Evolution bedingt diesen Bereich. Die Bewegungen sind deswegen oft unbewusst und schwer steuerbar. So sind auch das Weg-Lehnen und Wegdrehen der Vorderseite des Torsos ein ehrliches Anzeichen dafür, dass der Person gerade etwas unangenehm ist.

Sie kann beispielsweise ihren Gesprächspartner nicht leiden oder stimmt mit dem Gesagten nicht überein. Es kann auch heißen, dass sie eine Situation als gefährlich empfindet und aus ihr entkommen will. Das Weg-Lehnen und Wegdrehen werden als Schutzmechanismus ausgeführt. Es soll also Distanz zum störenden Reiz aufgebaut werden. Auch bei sich entfremdenden Paaren kann man beobachten, dass sie sich immer wieder und vermehrt voneinander weg lehnen, sich wegdrehen und sich voneinander distanzieren.

ZUWENDEN UND VORLEHNEN

Die Geste des Zuwendens oder des Vorlehnens bedeutet genau das Gegenteil: Der Reiz wird als angenehm empfunden und es wird sich deswegen vertrauensvoll und offen zugewandt. Von dem Reiz wird keine Gefahr vermutet und er wird als etwas Positives wahrgenommen.

Das kann auf Dates beobachtet werden, wobei sich dem Partner entgegen gelehnt wird, oder auch in Schulklassen, in denen die Schüler gespannt dem Lieblingslehrer zuhören.

ABSCHIRMEN

Mit dem Abschirmen ist gemeint, dass zwischen dem Reiz und dem Torso selbst etwas gelegt oder gestellt wird. Das kann die Sicht, wie auch den Zugriff auf den Torso seitens des Reizes, also des Gesprächspartners, verhindern. Diese Geste bedeutet, dass dem Gesprächspartner nicht vertraut wird oder dass dem Gesagten stark widersprochen wird. Man versucht, vor der Meinung oder der Person zu fliehen und sich vor ihr zu schützen. Man möchte dadurch auch klarmachen, dass man sich selbst deutlich von der Meinung distanziert und eine andere hat. Auch hier werden wieder die lebenswichtigen Organe des Körpers durch das Gehirn unbewusst geschützt.

Eine Ausnahme gibt es bei der Geste des Abschirmens: Viele Menschen verschränken gern die Arme vor der Brust. Das kann als Abschirmen gewertet werden, jedoch wird diese Haltung oft eingenommen, weil sie die Menschen als bequem empfinden. Wer also seine Arme vor der Brust verschränkt, ist nicht gleich ablehnend oder stimmt dem Gesprächspartner nicht zu. Hier muss man deswegen auch auf andere Signale des Körpers achten.

KÖRPERPFLEGE

Wenn jemand an einer schweren Krankheit leidet oder gerade trauert, passiert es nicht selten, dass die Person ihre Körperpflege vernachlässigt. Es wird sich innerlich nur mit dem Trauerfall oder der

Krankheit beschäftigt und oft fehlt auch die Motivation zum Duschen und Frischmachen. Bemerkt man bei einer sonst sehr gepflegten und sauberen Person, dass diese plötzlich ihre Körperpflege vernachlässigt oder diese auf ein Minimum reduziert, kann darauf geschlossen werden, dass sie eine stark negativ emotionale Situation bedrückt und vereinnahmt.

SITZHALTUNG

Auch die Sitzhaltung kann vieles über die Einstellung einer Person verraten. Wirft sich jemand einfach auf die Couch, kann man darauf schließen, dass die Person sich wohlfühlt. Wird diese Haltung jedoch in einem ernsten Gespräch oder sogar auf der Arbeit eingenommen, ist diese Körperhaltung mit Respektlosigkeit zu assoziieren.

Eine eher gerade und fast schon verkrampfte Sitzhaltung lässt darauf schließen, dass die Person sich nicht sonderlich wohlfühlt, gerade sehr kontrolliert und professionell antwortet und die Situation sehr ernst nimmt.

AUFPLUSTERN

Das Aufplustern des Brustkorbes ist eine Haltung, die aus dem tierischen Königreich kommt. Hier wird die Brust aufgebläht und mit dieser Haltung vermittelt, dass man selbst der König seines Territoriums ist. Das wird meist gepaart mit aggressivem Verhalten, wie dem Anrempeln anderer Personen oder dem Ausziehen von Kleidungsstücken. Das Aufplustern ist ein sehr maskulines Verhalten, was angewendet wird, um andere zu beeindrucken oder die eigene Dominanz und den eigenen Status zu sichern.

ATMUNG

Die Atmung sagt vieles über die jetzige Stimmung des Menschen. Eine eher langsamere Atmung lässt auf eine entspannte Stimmung und wenig Stress schließen, während eine schnelle und flache Atmung auf Stress und eventuell Angst und Wut hindeutet. Die Art der Atmung hängt an der allgemeinen Biologie des Menschen: In einer stressvollen und Adrenalin-aufwendigen Situation braucht der

Körper mehr Sauerstoff und Kraft, um das Hindernis zu überwinden, vor der Gefahr wegzulaufen oder anderen seinen Zustand zu signalisieren. Dieser Mechanismus ist auch heute noch in der Welt, in der es eher andere Gefahren als den Säbelzahntiger und feindliche Stämme gibt, noch vorhanden. Ist man entspannt, atmet man ruhig. Man braucht weniger Kraft und Sauerstoff und steuert mit seiner Atmung das Herz oder auch mit dem Herz die Atmung. Es wird weniger Adrenalin im Gehirn ausgeschüttet und deswegen auch weniger Luft gebraucht.

SCHULTERZUCKEN

Das Zucken mit den Schultern ist oft mit einem verbalen Ausdruck wie: „Ich weiß es nicht“ oder „Ich habe keine Ahnung“ verbunden. Das Zucken mit den Schultern bedeutet auch genau dies: Man weiß es nicht, ist sich unsicher oder will sich nicht festlegen. An der Art und Weise, wie die Schultern gezuckt und hochgezogen werden, kann man zudem erkennen, ob jemand hinter dem steht, was er sagt oder eigentlich eine ganz andere Meinung hat. Eventuell weiß er mehr, als er zuvor zugegeben hat.

Wenn Menschen hinter ihrer Ratlosigkeit stehen, ziehen sie ihre Schultern weit nach oben. Die Schultern sind symmetrisch und werden zur gleichen Zeit hoch und wieder heruntergezogen. Wenn jemand jedoch nicht hinter dem gerade Gesagten steht, dann werden die Schultern nur kurz und wenig hochgezogen und der Vorgang ist nicht symmetrisch. Das bedeutet, dass eine Schulter weiter nach oben gezogen wird als die andere oder die Schultern zeitlich versetzt nach oben gezogen werden.

GEDUCKTE HALTUNG

Wenn sich eine Person duckt und sich somit selbst kleinmacht, ist sie sich unsicher, hat wenig Selbstbewusstsein oder ist durch eine Niederlage gekränkt. Allgemein bedeutet diese Körperhaltung, dass es der Person nicht gutgeht und sie gerade negative Gefühle erlebt. Hierzu kann man sich eine Fußballmannschaft vorstellen, die soeben ein wichtiges Spiel verloren hat und nun das Spielfeld verlässt oder Charlie Brown, der, nachdem alles mal wieder schiefgegangen ist, verzweifelt nach Hause geht. Die geduckte Haltung lässt auf Niedergeschlagenheit und darauf schließen, dass man aufgegeben hat und nun das Schicksal und alles Weitere, was passieren wird, über sich ergehen lassen wird. Die geduckte Haltung ist zudem oft mit dem gesenkten Kopf gepaart.

Die Sprache der Arme

Mit den Armen werden besonders stark Autorität und Dominanz ausgedrückt. Sie können gut manipuliert werden und auch dafür sorgen, dass man sich selbstbewusster darstellt und wahrnimmt, als man es eigentlich ist.

INTENSITÄT DER ARMBEWEGUNGEN

Wenn jemand seine Arme locker und weit bewegt, bedeutet das meist, dass er sich sicher und wohlfühlt. Menschen, die ihre Arme in einer Situation nur sehr sparsam und abgehakt bewegen, sind sich hingegen unsicher, fühlen sich nicht wohl in ihrer

Umgebung oder in Gegenwart der anderen Menschen und möchten durch ihre wenigen Armbewegungen die Aufmerksamkeit von sich selbst ablenken.

STARRE ARME

Ein extremer Fall, in dem Armbewegungen die innere Stimmung einer Person erkennen lassen, sind die starren Arme. Diese sind mit der Schockstarre zu vergleichen. Die Person mit den starren Armen fühlt sich sehr unwohl und auch nicht sicher. Dieses Verhalten ist beispielsweise bei misshandelten Kindern zu erkennen, die in Gegenwart des Täters ihre Arme starr am Körper halten und sie nicht bewegen. Ähnlich wie Tiere möchten sie nicht gesehen werden, um weitere Misshandlungen zu vermeiden.

HINTER DEM RÜCKEN VERSCHRÄNKTE ARME

Viele Menschen interpretieren diese Haltung als eine Denkerpose, die Personen dann annehmen, wenn sie gerade tief in ihren Gedanken versunken sind. Jedoch wird diese Pose eher dann eingenommen, wenn der Mensch nicht berührt oder kritisiert werden möchte. Die Haltung wird besonders von Führungspersonen eingenommen und soll dazu dienen ihre eigene Autorität noch einmal deutlich zu machen. Durch die abwehrende und ablehnende Bedeutung dieser Körperhaltung sollte sie in Anwesenheit der Familie und der Freunde vermieden werden, da sie abschrecken kann und ein Signal des Desinteresses sendet.

IN DIE HÜFTEN GESTEMMTE HÄNDE

Diese Körperhaltung strahlt pures Selbstbewusstsein aus, sollte aber nicht in allen Situationen genutzt werden, da sie schnell übertrieben aussehen kann. Auch sollte man sie nicht andauernd verwenden, da dies unnatürlich wirkt. Besonders Polizisten und andere Berufsgruppen, die sich öfter Respekt verschaffen müssen, verwenden diese Körperhaltung, um ihre Autorität klarzumachen.

IM SITZEN ZURÜCKLEHNEN UND DIE ARME HINTER DEM KOPF VERSCHRÄNKEN

Auch diese Haltung des Körpers strahlt Selbstsicherheit und Macht aus. Man nimmt hier sehr viel Raum ein und zeigt zugleich mit dem Zurücklehnen, dass man gelassen und entspannt ist. Auch zeigt man durch das Verschränken der Hände hinter dem Kopf, dass man sich sicher fühlt und sich darüber klar ist, gerade die Kontrolle zu haben.

AUSBREITEN VON GEGENSTÄNDEN

Bei dieser Geste wird ebenfalls, wie bei den vorherigen beiden, viel Platz eingenommen. Mit dem Ausbreiten der eigenen Gegenstände markiert man sein Revier und strahlt Dominanz aus. Ein ähnliches Verhalten ist auch das Ausbreiten der Arme auf eine zweite leere Stuhllehne oder in den Sitzbereich einer anderen Person.

VIEL RAUM EINNEHMEN UND DANN KLEINMACHEN

Wie schon zuvor erwähnt, kann man Dominanz und Autorität einfach ausstrahlen, indem man viel Raum einnimmt und beispielsweise seine Besitztümer verteilt oder seinen Körper ausstreckt. Was jedoch unterschieden werden muss, ist, ob man diese Geste beibehält oder sich schnell korrigiert.

Dies kann passieren, wenn der Chef der Firma in den Konferenzraum kommt und plötzlich der Abteilungsleiter kleiner wird oder wenn man sich kurz vergisst und sich dann bewusstwird, dass auch andere Personen um einen herumsitzen. Mit dem ersten Teil zeigt man Dominanz, Sicherheit und Autorität. Korrigiert man sich jedoch schnell, wird nur umso deutlicher, dass man sich unsicher ist und kein Gefühl von Kontrolle hat. Die zuvor eingenommene Powerpose scheint ein Ausrutscher zu sein.

Die Sprache der Hände und Finger

Auch die Hände und Finger einer Person können ehrlich und offen zeigen, wie die Gefühlslage des Menschen gerade ist und ob sie etwas unmittelbar Passiertes gestresst hat. Hier lohnt es sich besonders, länger hinzuschauen, um Veränderungen durch das Gesagte der anderen zu entdecken.

ZITTERNDE HÄNDE

Wenn eine Person mit den Händen zittert, kann das auf zwei unterschiedliche und entgegengesetzte Dinge hindeuten. Das Zittern der Hände kann darauf schließen lassen, dass die Person Angst hat und Stress empfindet. Das kann zum Beispiel dann sein, wenn sie fürchtet, beim Lügen erwischt zu werden. Die zitternden Hände können aber auch bedeuten, dass sich die Person gerade riesig freut und es mehr oder weniger zu verbergen versucht.

Das kann beim Kartenspielen sein, wenn man plötzlich das gewinnende Blatt in den Händen hält oder wenn endlich das sehnsüchtig erwartete Paket angekommen ist. Hier muss man demnach stark auf Muster der Körperhaltung achten, um zu entdecken, ob die Hände vor Freude oder vor Angst und Stress zittern.

DAS DACH

Beim Dach legt man die Innenflächen der Hände schräg aneinander und formt so ein Dach mit den Händen. Diese Geste lässt auf Selbstbewusstsein und Dominanz schließen. Man ist gerade sehr von seinen Argumenten überzeugt und ist sich sicher, dass man die Oberhand im Gespräch hat. Diese Geste des Selbstbewusstseins kann jedoch auch verändert werden, wenn plötzlich etwas geschieht, dass einen zweifeln lässt und einen verunsichert. Dann kann es passieren, dass das Dach „abgerissen“ wird und stattdessen die Finger verschränkt werden. Man macht auch hier eine eher sichere Geste kleiner.

VERBORGENE DAUMEN

Wenn jemand seine Daumen in die Hosentaschen steckt und nun nur noch die restlichen Finger vor der Hosentasche hängen, ist das ein Anzeichen für geringes Selbstbewusstsein und Selbstsicherheit. Man verbirgt hier den stärksten Finger und zeigt damit, dass man sich nicht ganz sicher ist, was man tut und wie man in der Situation reagieren soll. Man möchte die Aufmerksamkeit der anderen nicht haben und lieber allein gelassen werden, bis man sich sicher ist.

DAUMEN ALS RAHMEN

Die verborgenen Daumen sollten jedoch nicht mit den einrahmenden Daumen verwechselt werden. Bei dieser Körperhaltung rahmen Männer mit den Fingern ihren Genitalbereich ein und verstecken dadurch die Daumen in den Hosentaschen. Dies soll jedoch auf keinen Fall heißen, dass sie sich unsicher sind und keine Aufmerksamkeit wollen. Eher das Gegenteil:

Sie wollen die Aufmerksamkeit der anderen und dadurch zeigen, dass sie ein „potentes Männchen“ sind. Diese Geste ist besonders in der Arbeitswelt häufig vertreten und man kann sie gerade in Situationen beobachten, in den mehrere Menschen ihre Dominanz klarmachen wollen. Oft wird dies auch mit dem Aufplustern der Brust gepaart.

ERSTARRTE HÄNDE

Ähnlich wie bei den erstarrten Armen sind auch die erstarrten Hände ein Zeichen für Schock, Angst oder Stress. Wenn die Hände plötzlich erstarren, steht das meist für Schock oder eine Überraschung, mit der die Person nicht gerechnet hat. In der Regel ist das Erstarren der Hände ein negatives Zeichen.

HÄNDE REIBEN

Wenn eine Person wenig Stress hat, ihn aber vermutet, streicht sie sich gern über die Handinnenflächen mit den Fingern der anderen Hand.

Diese Geste der Beruhigung kann noch stärker zum Reiben werden, wenn der Stress ansteigt oder die Situation eskaliert. Oft wird das Reiben der Hände mit den verschränkten Fingern gepaart. Hier werden zwei Arten der Beruhigung und des Kleinmachens verbunden und so Sicherheit und Ruhe gesucht.

BERÜHREN DES HALSES UND DER DROSSELGRUBE

Auch das Berühren des Halses, des Nackens oder der Drosselgrube, welche sich in der Mitte des unteren Halses befindet, ist eine Beruhigungsgeste und lässt darauf schließen, dass die Person gerade Stress hat und überfordert ist. Oft wird die Beruhigungsgeste dann verwendet, wenn man über das weitere Verfahren und die Planung der nächsten Zeit nachdenkt.

Die Sprache der Füße

Die Füße sind die ehrlichste Region des Körpers. Versuchen Menschen, anderen eine Emotion oder eine Haltung vorzuspielen, tun sie das meist anhand des Gesichts oder der Arme. Die Füße werden oft vernachlässigt und nicht beachtet. Dadurch zeigen sie meist die wahre Emotion und die ehrliche Einstellung zu dem, was gerade gesagt worden ist.

HAPPY FEET

Wenn eine Person ununterbrochen mit den Füßen wackelt oder sie hin und her schwingt, kann das zwei Dinge bedeuten: Zunächst kann dies heißen, dass die Person sehr fröhlich und aufgeregt ist. Ein Beispiel wäre hier ein Kind am Heiligen Abend, das weiß, dass es gleich seine Geschenke bekommt. Auch kann es sein, dass Menschen mit den Füßen wackeln, wenn die Konferenz oder der Unterricht gleich beendet wird. Die zweite Bedeutung der Happy Feet ist eine eher negativ konnotierte:

Die Geste kann auch Stress und Unruhe bedeuten. Beispielsweise befürchtet man, seinen Anschlusszug nicht zu bekommen oder die Aufgabe der Klausur nicht bearbeiten zu können.

FUßRICHTUNG

Wie auch schon beim Torso verhält es sich bei der Richtung der Füße so, dass Menschen sich davon abwenden, was ihnen unangenehm oder gefährlich erscheint und dahin richten, was sie als angenehm und sicher empfinden. Zeigen also beide Füße des Gesprächspartners in die Richtung des anderen, interessiert man sich für den Menschen, mit dem man spricht.

Wenn die Füße hingegen zu einem L geformt sind oder sich von einem abwenden, möchte man das Gespräch beenden. Das muss nicht sofort heißen, dass man den anderen nicht mag:

Es kann auch sein, dass es der Gesprächspartner eilig hat, ein Telefonat führen muss oder dass die Schuhverkäuferin kurz im Lager nach der Größe gucken muss.

DER GRIFF ANS KNIE

Wenn sich eine Person mit beiden Händen an die Knie greift, den Rumpf nach vorn lehnt und das Gewicht auf die Außenkante des Stuhls, auf dem sie sitzt, verlagert, bedeutet das, dass sie gehen möchte oder nur das Gespräch verlassen will. Auch diese Haltung ist nicht persönlich zu nehmen. Sie bedeutet nicht sofort, dass sich die Person in Gegenwart von einem nicht wohlfühlt. Viel öfter wird diese Position trotz eines netten Gesprächs eingenommen, da man noch andere Dinge zu tun hat und sich beeilen muss.

ANGEHOBENE FÜßE

Die Haltung der angehobenen Füße lässt auf eine positive Stimmung des Gesprächspartners schließen. Es ist hier zu vermuten, dass er gerade eine gute Nachricht bekommen hat oder sich anderweitig auf ein Ereignis freut.

ANGEHOBENE FERSE

Die angehobenen Fersen hingegen bedeuten weniger Freude und mehr, dass der Gesprächspartner das Gespräch verlassen oder allgemein gehen möchte. Diese Geste ist meist mit der Körperhaltung, bei welcher sich der andere ans Knie greift, verbunden.

BREITBEINIGER STAND

Mit einem breitbeinigen Stand der Füße nimmt die Person viel Platz ein und deutet an, dass sie viel Selbstbewusstsein hat, von sich überzeugt ist und für ihre Meinungen und Werte eintritt. Sie ist buchstäblich gefestigt und steht mit beiden Beinen auf dem Boden und im Leben.

ENGER STAND

Mit einem engen Stand hingegen nehmen Personen wenig Platz ein. Sie deuten mit dieser Stellung der Füße Unsicherheit an und wollen weder Platz noch Aufmerksamkeit von anderen stehlen. Sie sind nicht in ihren Meinungen gefestigt oder trauen sich nicht, diese zu erklären, da Personen anwesend sind, vor denen sie sich fürchten oder die sie nicht kennen.

IM STEHEN ÜBERKREUZTE BEINE

Das Überkreuzen der Beine während des Stehens ist an sich eine sehr unsichere Position, da man schnell den Halt verlieren und sich verletzen kann. Wenn eine Person diese Körperhaltung annimmt, heißt das jedoch, dass sie sich sicher fühlt und die Situation und den Gesprächspartner als angenehm empfindet. Nimmt jemand diese Position an, kann sich das auch unbewusst schnell auf die anderen Personen im Raum ausbreiten und für eine allgemein angenehme Stimmung sorgen. Indem man sich also körperlich verkrampft, lockert man sich mental und fordert auch die anderen dazu auf, es zu tun.

SPIELEN MIT DEM SCHUH

Diese Geste wird besonders oft von Frauen verwendet, wenn sie sich in der Gegenwart ihrer Begleitung wohlfühlen. Sie ziehen sich meist mit dem anderen Fuß den Schuh aus und lassen ihn vorn an den Zehen baumeln. Diese Körperhaltung lässt auch auf großes Vertrauen schließen, da die Person, die mit ihrem Schuh spielt, sich die Möglichkeit des plötzlichen Verlassens verbaut. Sie müsste sich hierfür den Schuh zunächst erst wieder anziehen. Auch kann diese Geste gedankenverloren oder gelassen wirken und auch das Gegenüber dazu auffordern, selbst Vertrauen in den anderen und die Situation zu haben.

IM SITZEN ÜBERKREUZTE BEINE

Wenn jemand im Sitzen die Beine überkreuzt hält und somit ein Bein auf dem Knie des anderen Beins liegen lässt, kann dies zwei Dinge bedeuten: Hier kommt es auf die Richtung der Beine an.

Liegt das Bein auf dem anderen, sodass die beiden Gesprächspartner voneinander trennen, stimmt derjenige, der die Beine überkreuzt, nicht mit dem anderen überein. Liegen die Beine jedoch so aufeinander, dass die beiden nicht voneinander getrennt werden, ist das nicht der Fall.

DAS BEIN ALS BARRIERE

Eine extreme Form der überkreuzten Beine im Sitzen ist das Bein als Barriere. Hier wird ein Bein auf das andere gelegt. Der Berührungspunkt der beiden Beine ist beim darüber liegenden Bein an einer sehr tiefen Stelle kurz vor dem Fußgelenk. Es sieht aus wie eine verschlossene Schranke. Diese Körperhaltung signalisiert Distanz und oft auch, dass mit vertretenden Meinungen im Gespräch nicht übereingestimmt wird. Es kann auch ein Zeichen der Dominanz und des Selbstbewusstseins gelesen werden, wenn jemand sein Bein als Barriere zwischen sich und andere stellt, sich gemütlich zurücklehnt und allgemein einen angenehmen und zufriedenen Eindruck macht.

Dies kann so interpretiert werden, dass die Person sich von anderen abschirmen will und damit gleichzeitig klarmachen möchte, dass sie die Kontrolle hat. Das Bein als Schranke nimmt viel Platz ein und ist deshalb auch ein Zeichen der Dominanz und das Andeuten des eigenen Reviers.

ERSTARRTE FÜßE

Ähnlich wie bei den erstarrten Armen und den erstarrten Händen bedeuten auch die erstarrten Füße, dass die Person unter starkem Stress steht und verängstigt ist. Erstarren die Füße während eines Gesprächs plötzlich, nachdem die Person lange mit den Füßen gewackelt hat, muss genau geschaut werden, welchen Auslöser es dafür gab. Eventuell ist der Person etwas Gesagtes unangenehm oder sie befürchtet, beim Lügen ertappt zu werden.

VERSCHRÄNKTE FÜßE

Wenn ein Mensch während eines Gesprächs seine Zehen nach innen krümmt oder die Füße verschränkt übereinanderstellt, ist das ein Zeichen der Unsicherheit. Dies kann auch bedeuten, dass er sich bedroht fühlt oder Zweifel hat.

Fünf Tipps, um jeden Lügner zu entlarven

Der menschliche Körper verrät nicht deutlich und klar, ob gerade jemand lügt oder in welchem eben gesagten Satz sich die vermeintliche Lüge befunden hat. Jedoch kann man anhand der Körpersprache feststellen, ob jemand unter Stress steht, sich gerade wohlfühlt oder am liebsten weg möchte. Mithilfe der Tipps in diesem Kapitel werden auch Sie bald zum Profi und entlarven jeden Lügner anhand seiner Körpersprache.

KLISCHEES AUFRÄUMEN: DAS HEISST NICHT, DASS DIE PERSON LÜGT

Immer wieder hört man durch Fernsehen und Internet und sogar durch manch halb-professionelle Literatur, dass es klare Anzeichen eines Lügners gibt.

Diese können dann unabhängig von anderen Anzeichen dafür verwendet werden, den Lügenbold zu entlarven. Doch dies ist nicht so. Es gibt einige Merkmale, die zwar laut Pop-Literatur zum Enttarnen eines jeden Lügners führen, jedoch nur wenig oder gar nichts über die Wahrheit des Gesprochenen des Gesprächspartners aussagen kann.

Eine laute Stimme

„Lügner reden lauter, um sich selbst und andere von den gesprochenen Worten zu überzeugen, weil sie selbst davon nicht überzeugt sind und sich bewusst sind, dass sie gerade nicht die Wahrheit erzählen."

Doch nur, weil jemand etwas lauter redet, heißt das nicht gleich, dass er lügt. Es gibt viele Gründe, um laut zu reden. Beispielsweise gibt es Menschen, die einfach eine sehr laute Stimme haben. Eventuell befindet man sich gerade auch in einer lauteren Umgebung oder ist zurzeit im Stimmbruch, in welchem es oft schwer ist, die Lautstärke der eigenen Stimme zu kontrollieren. Doch selbst dann, wenn es keine klare Erklärung für die angehobene Lautstärke der

Stimme gibt, muss es nicht heißen, dass gerade gelogen wird. Lügen können auch leise und zaghaft ausgesprochen werden.

Vor dem Antworten nachdenken

Es gibt zudem das Klischee, dass Menschen, die viel Zeit brauchen, bevor sie antworten, gerade lügen. Es wird hier vermutet, dass die Beteiligten sich erst anstrengend eine Lüge oder eine Ausrede ausdenken müssen, bevor diese weitergegeben werden kann. Jedoch ist auch dieses Klischee nicht immer ein Zeichen dafür, dass jemand lügt. Es gibt viele Personen, die besonders vor schwer zu erklärenden Antworten kurz Zeit brauchen. Besonders Menschen, die eher vorsichtig und zurückhaltend sind oder sich nicht als schlagfertig sehen, brauchen oft eine Weile, bis sie die richtigen Worte gefunden haben. Geschulten Lügnern fällt es zudem nicht schwer, schnell und spontan eine Antwort auf alles zu haben, da sie sich ihre Lüge vor dem Gespräch detailliert zurechtlegen.

Nervosität

Die Nervosität eines Gesprächspartners bemerkt man an einigen Dingen: Nervöse Menschen stottern, zittern, sind hibbelig, finden es schwer, still sitzen zu bleiben oder verhalten sich untypisch.

Bemerkt man ein nervöses und unruhiges Verhalten an einem anderen Menschen, kann man jedoch nicht direkt darauf schließen, dass derjenige gerade lügt, gelogen hat oder vorhat, zu lügen, denn es gibt viele Gründe, um nervös zu sein. Besonders schüchterne Menschen sind in sozialen Situationen nervös oder sind in unbekannten Situationen unsicher, wie sie sich nun verhalten sollen.

Die Symptome der Nervosität können auf eine Angststörung schließen lassen oder daherkommen, dass derjenige durch ein anderes Ereignis gestresst ist. Oft passiert es auch, dass man während des Gesprächs mit einer Person an eine ganz andere Sache denkt. So kommt die nervöse Reaktion nicht durch das aktuelle Gespräch, sondern durch etwas ganz anderes.

Zittern

Zu zittern kann ein Teil der Nervosität sein. Aber wenn jemand zittert, muss das nicht sofort bedeuten, dass er nervös ist. Es kann auch daherkommen, dass einem zu kalt ist, man gerade Hunger oder Durst hat oder dass man sich gerade auf irgendeine andere Art und Weise überwinden muss. Nur weil jemand zittert, heißt das nicht automatisch, dass die Person lügt. Auch gibt es viele Lügner, die während des Lügens ruhig und gelassen auf ihrem Stuhl sitzen und den anderen scheinbar ehrlich angrinsen.

Anstarren oder wegschauen

Das zu lange Ansehen eines Menschen oder das zu schnelle Wegsehen von einem Menschen kann wunderlich wirken. Wenn Personen von ihrem Gesprächspartner zu sehr oder gar nicht angesehen werden, vermuten sie schnell, dass der andere etwas im Schilde führt, lügt oder ein Geheimnis mit sich herumträgt. Doch auch, wenn dies ab und zu der Fall ist, ist das Anstarren oder das Wegsehen kein garantiertes Zeichen dafür, dass gerade jemand angelogen wurde.

Auch hier kommt es auf die Person selbst an. So gibt es Personen, die wegsehen, weil sie schüchtern sind oder sie selbst nicht angesehen werden wollen. Auch Personen, die einen anstarren, tun dies meist nur deswegen, weil sie einen verstehen wollen oder einen attraktiv finden. Hinter dem Blick oder dem fehlenden Blick eines Menschen steckt mehr als nur eine vermeintliche Lüge und es sollte nie als klares Zeichen interpretiert werden.

An den Hals oder Nacken greifen

Die Geste, sich an den Hals oder an den Nacken zu fassen, wird oft unter Nervosität und Unsicherheit verbucht. Daraus wird dann geschlossen, dass, wer nervös und somit auch unsicher ist, sicherlich auch gerade lügt oder eine Lüge plant. Doch auch, wie die anderen Klischees des Lügenentlarvens, muss auch hier klar gesagt werden, dass die Unsicherheit und die Nervosität, die durch diese Geste vermittelt wird, nicht daran liegen muss, dass gerade gelogen wurde. Es kann sich hier um einen an sich unsicheren oder schüchternen Menschen handeln.

Auch kann diese Geste gerade dann verwendet werden, wenn es gerade um ein Thema geht, mit dem sich derjenige nicht gut auskennt.

TIPP 1: ACHTEN SIE AUF VERHALTENSÄNDERUNGEN

Doch wie kann man nun anhand der Körpersprache jeden Lügner problemlos entlarven? Der erste Tipp ist, dass man auf Veränderungen achten sollte. Veränderungen in der Körpersprache lassen sich meist auf Veränderungen der Gefühle, Gedanken oder des Levels an Stress zurückführen. Wenn jemand seine Körpersprache verändert, hat sich gerade etwas in ihm und in seinen Gedanken verändert. Das liegt meist an dem, was gerade gesagt wurde, oder daran, woran derjenige gerade denken musste.

Um Veränderungen erkennen zu können, muss man zunächst eine Baseline erkennen, die man von anderen Verhaltensweisen unterscheiden kann. Die Baseline der Körpersprache ist leicht zu erkennen, wenn man zunächst eine angenehme und sichere

Atmosphäre schafft, in der sich der Gesprächspartner wohlfühlt. In dieser Situation ist klar zu erkennen, wie er sich normalerweise und mit einem niedrigen Stresslevel verhält.

Man kann das Gespräch damit beginnen, dass man dem anderen ein Getränk oder etwas zu essen anbietet, über das Wetter redet oder auf ein Thema zu sprechen kommt, dass dem anderen deutlich gefällt und worüber er viel weiß. Auch lässt sich die Atmosphäre besonders angenehm gestalten, indem man einen Witz macht, miteinander lacht oder dem anderen ein Kompliment macht. In dieser ersten Phase, mit der man die Baseline ermitteln möchte, darf es noch nicht um das eigentliche Thema gehen. Während der ersten angenehmen Phase des Gespräches sollte man sich ein grobes Bild von der Körpersprache des anderen machen. Achten Sie auf alle zuvor besprochenen Regionen: Wie schaut der andere, wie ist sein Torso gedreht und was tut er mit seinen Armen? Hat er bestimmte Angewohnheiten wie das Spielen mit seinen Händen? Bewegt er sich viel oder ist er eher ein ruhiger Mensch? Das ist wichtig zu merken, denn es gibt durchaus Menschen, die von Natur aus hibbelig und nervös sind und dadurch verdächtiger erscheinen, als sie es eigentlich sind. Es wurde bei den Klischees der Lügenerkennung bereits gesagt, dass Verhaltensveränderungen auch durch andere Faktoren entstehen können.

Es kann sein, dass jemand zittert, weil ihm kalt ist, oder dass jemand hibbelig wird, weil er gleich einen wichtigen Termin hat. Das muss nicht sofort heißen, dass man einen Lügner vor sich hat. Das sollte auch bei den Verhaltensveränderungen berücksichtigt werden: Nicht jede Veränderung tritt auf, weil sich etwas an den Emotionen oder Gedanken der Person verändert hat. Achten Sie also bei der Verhaltensbeobachtung auch auf äußere Faktoren. Kann es sein, dass jemandem zu kalt oder zu warm ist? Ist er eventuell in Eile oder innerlich mit etwas anderem beschäftigt? Dafür müssen Sie auf die Umgebung achten und zur Not auch direkt nachfragen, ob die andere Person wegen etwas anderem nervös wirkt oder stark zittert.

Die Veränderung im Verhalten zu beobachten, ist eine indirekte Weise des Lügenentlarvens und sollte immer einer direkten Anschuldigung, dass jemand ein Lügner sei, vorgezogen werden. Wenn Sie jemanden anschuldigen, er sei ein Lügner, werden Sie nicht der Wahrheit näherkommen, sondern dafür sorgen, dass der andere eine weitere Mauer aufbaut, durch die Sie noch schwerer an ihn herantreten können. Er wird empört oder sogar wütend sein. Diese Emotionen sind nicht immer hilfreich, um zu erkennen, ob jemand ein Lügner ist.

TIPP 2: ACHTEN SIE AUF DIE TYPISCHEN EMOTIONEN DES LÜGENS

Nicht alle Emotionen, die ein Lügner während des Lügenerzählens oder danach hat, sind jedoch hilfreich. Die drei Emotionen Angst, Schuld und Freude kommen bei jedem Lügner in unterschiedlicher Stärke vor. Sie können einem helfen, den Lügner zu erkennen und dessen innere Welt etwas besser zu verstehen, denn nicht jeder empfindet gleich beim Lügen.

Wieso haben Lügner Angst? Die meisten Menschen mögen es nicht, zu lügen, und tun es deswegen nur sehr selten. Eventuell ist ihnen die Wahrheit zu schamvoll oder sie empfinden die Situation als aussichtslos. Wenn viele Menschen lügen, haben sie gleichzeitig Angst, erwischt zu werden. Sie zeigen deswegen auch in zunächst unangebrachten Situationen Angst. Diese Emotion passt nicht zu dem Gesagten oder zur Reaktion der anderen Personen, jedoch zum Lügen an sich.

Hier kann es vorkommen, dass Menschen blass werden, zittern oder große Augen haben und die Lippen aufeinanderpressen. Stellen Sie sich einmal selbst vor den Spiegel und denken Sie an etwas Angsterfüllendes. Sie können sich auch einfach fragen: Wie sehe ich aus, wenn ich Angst habe? Ahmen Sie dann einen ängstlichen Gesichtsausdruck nach und prägen Sie sich ihn gut ein. Die meisten Menschen jedoch erkennen Angst leicht, da dies unbewusst schon seit der Geburt abgespeichert ist. Dass Menschen die Emotionen der anderen erkennen und interpretieren können, ist für das Zusammenleben wichtig.

Warum fühlen sich Lügner schuldig? Wenn man ein unerprobter Lügner ist, der das Lügen vermeidet und es nur dann tut, wenn man sonst keine Möglichkeit sieht, wird man sich schuldig fühlen, wenn man lügt. Das kann bedeuten, dass man jemandem die Wahrheit vorenthält, etwas nicht erwähnt, etwas komplett anderes sagt als das, was wirklich stimmt, oder über- beziehungsweise untertreibt in den Erzählungen.

Lügner fühlen sich schuldig, da jeder Mensch ein Gewissen hat, dass einem sagt, dass die Wahrheit das einzig Richtige ist, und dass Lügen falsch ist. Man täuscht damit andere Personen oder belügt sich auch selbst. Oft führen Lügen dazu, dass jemand verletzt wird oder jemand im Unwissen gehalten wird. Wenn man lügt, fügt man anderen demnach Schaden zu, was nicht direkt gleichzusetzen ist mit körperlicher Gewalt, jedoch oft unter diesem Wort im Gewissen verbucht ist. Lügner fühlen sich schuldig, weil sie wissen, dass das, was sie tun, nicht das Richtige ist. Schuld kann man an sehr subtilen Gesichtszügen erkennen.

Bei Menschen, die sich schuldig fühlen, kann es sein, dass sie geknickt schauen, die Augenbrauen nach unten ziehen und die Stirn in Falten legen. Ihre Mundwinkel sind nach unten gezogen und auch ihr Blick geht schamvoll auf die Erde. Eventuell versuchen sie, diesen schuldigen Ausdruck mit einem Lächeln zu überspielen. Hier lächelt die Region der Augen nicht mit.

Personen, die sich schuldig fühlen, vermeiden Blickkontakt oder sehen nachdenklich an der anderen Person vorbei. Schuld kann bei jedem etwas anders aussehen. Warum empfinden Lügner Freude?

Die anderen beiden Emotionen kommen eher bei Personen vor, die nicht oft lügen, die das Lügen vermeiden und nur dann anwenden, wenn sie nicht mehr weiterwissen. Doch es gibt auch Menschen, die weniger Skrupel haben, andere Personen zu belügen und sich nach dem erfolgreichen Lügen freuen, dass sie während des Lügens nicht ertappt wurden. Das kann als eine eher gewissenhafte „Erleichterung" aufgefasst oder auch als pure Freude und Euphorie gesehen werden.

Freude fällt gerade dann auf, wenn die Emotion nicht zur eigentlichen Situation passt. Wenn jemand sagt, er könne heute nicht zur Arbeit kommen, da er krank sei und danach in sich hineingrinst oder sogar ein breites Lächeln auf den Lippen hat, kann es daherkommen, dass er lügt und sich freut, dass er es geschafft hat.

Lügnerische Emotionen verstärken

Um einem Lügner seine verräterischen Emotionen wie Angst, Schuld und Freude zu entlocken, kann man gezielt Fragen stellen. Beispielsweise können Sie Ihrem Gegenüber klarmachen, dass Sie sehr gut darin sind, Lügner zu erkennen oder den anderen Menschen darauf hinzuweisen, welche Konsequenzen folgen werden, wenn er beim Lügen erwischt wird.

Auch können Sie einfache Reflexfragen stellen, die vermeintlich nichts mit der Lüge zu tun haben. Wenn Sie zum Beispiel vermuten, dass der andere Ihr Mittagessen aus dem Kühlschrank im Büro gestohlen und es selbst gegessen hat, könnten Sie den Verdächtigen fragen: „Hast du jetzt zur Mittagszeit nicht auch einen Bärenhunger?“ Für jemanden, der Ihr Mittagessen nicht gestohlen hat, wird sich dies nicht wie eine Provokation anhören. Er wird eventuell antworten: „Ja, deswegen habe ich mir heute extra viel Essen mitgebracht.“ Auch wird sich seine Miene kaum ändern.

Hat derjenige jedoch Ihr Essen gestohlen und es selbst gefuttert, werden Sie kurz einen Ausdruck der Angst erkennen können oder dafür sorgen, dass der andere stotternd herumdruckst.

Ihr Ziel während eines Gesprächs mit einem vermuteten Lügner sollte es also nicht sein, auf die Emotionen zu warten, sondern sie gezielt hervorzurufen und Ihr Gegenüber zu testen. Das ist bei erfahrenen Lügnern schwerer, da sie sich oft nur darüber freuen, Sie angelogen zu haben. Aber auch Freude kann man kurz im Gesicht des anderen aufblitzen sehen.

Mikroexpressionen

Die kurzen aufblitzenden Gefühle, die man auch bei Lügenden auf dem Gesicht erblicken kann, werden Mikroexpressionen genannt. Sie entstehen dadurch, dass die wahre Emotion nicht wirklich „weggedacht“ werden kann. Sie wird immer nur überspielt und versteckt. Doch das ist Arbeit, die das Gehirn nicht immer perfekt leisten kann. So kommt es ab und zu während eines Gespräches und durch Themenwechsel und Stress, dass zwischendurch die wahre Emotion des anderen aufblitzt. Das ist beispielsweise der Fall, wenn jemand lang überrascht schaut und sich dadurch verrät, dass die Überraschung zu lang anhält.

Kurz danach wird man eventuell sehen, dass der andere gelangweilt oder wütend guckt und erst dann ein Lächeln aufsetzt. Es ist nicht leicht auf die Mikroexpressionen des anderen zu achten. Man muss dies üben und bewusst auf die kurzen Momente warten, in denen der andere seinen Wall nicht aufrechterhalten kann.

TIPP 3: UNPASSENDE KOMMUNIKATIONSSIGNALE ENTDECKEN

Neben den unpassenden Emotionen, die Lügner oft während oder nach dem Lügen zeigen, gibt es noch andere Kommunikationssignale, die darauf hindeuten, dass jemand gerade lügt. Man sollte also nicht nur auf die Emotionen des anderen achten, sondern auch auf deren Ausdruck, Dauer und die Reihenfolge.

Anzeichen 1: Asymmetrischer Gesichtsausdruck

Wenn jemand aus ganzem Herzen lächelt, weil er sich freut, ist das symmetrisch. Natürlich ist es normal, dass die Gesichtshälften einer Person nicht vollkommen symmetrisch sind, jedoch kann der Ausdruck auf beiden Gesichtshälften gleich sein. Das bedeutet, dass beide Mundwinkel, während eines wahren und ehrlichen Lächelns gleich hochgezogen sind und während eines echten Wutanfalls das ganze Gesicht zu gleichen Teilen beteiligt ist.

Entdeckt man jedoch während eines Gesprächs Asymmetrie im Gesicht des anderen, kann das ein Anzeichen einer Lüge sein. Beispielsweise ist ein Mundwinkel höher als der andere oder die Stirn ist besorgt, während der Mund lächelt. Achten Sie darauf, ob bei einer Emotion das ganze Gesicht beteiligt ist und auch die Körpersprache insgesamt stimmt. Steht jemand angespannt und zittert, lächelt dabei aber, ist wahrscheinlich das Lächeln nicht ehrlich und die Freude nicht wirklich da. Schauen Sie also auf den ganzen Körper, wenn Sie die Emotionen anderer auf ihre Ehrlichkeit überprüfen.

Anzeichen 2: Umgekehrte Reihenfolge des Bewusstseins

Es ist eine natürliche Reihenfolge, wenn eine Emotion zu sehen ist, bevor man sie hört. Das bedeutet, dass jemand, der wirklich wütend ist, diese Emotion zeigt, bevor er sagt, dass er wütend ist. Wenn Sie diese Reihenfolge bei Ihrem Gesprächspartner umgekehrt erkennen, lügt er wahrscheinlich und zeigt nicht die wahre Emotion, die er gerade hat. Beispielsweise sagt er erst, dass er wütend ist, und macht danach ein wütendes Gesicht. Das ist keine wahre Emotion, da bei ehrlichen Gefühlen das Gehirn zunächst unbewusst für den Gesichtsausdruck sorgt und danach bewusst das Gesprochene zulässt.

Anzeichen 3: Unpassende Dauer und Intensität

Auch die Dauer und die Intensität einer Emotion können Aufschluss darüber geben, ob es sich hierbei um eine ehrliche Gefühlslage handelt oder ob die Emotion nur aufgesetzt ist. Bei vorgespielten Emotionen werden die Merkmale, wie beispielsweise das Lächeln oder das überraschte Gesicht nur imitiert. Es wird also bewusst dafür gesorgt, dass das Gesicht und allgemein der Körper diese Emotion zeigen. Dabei kommt es vor, dass Merkmale über- oder unterschätzt werden und deswegen zu sehr oder zu wenig akzentuiert werden. Zum Beispiel dauert eine Überraschung nur einige Sekunden. Wenn jemand nach einer halben Minute aber immer noch überrascht schaut, ist diese Emotion vorgespielt.

Es wird bei der Imitation von Gefühlen und deren Ausdrücken meist übertrieben, damit für andere Personen klar wird, welche Emotion hier gerade vorherrscht. Bemerken Sie also, dass jemand zu lange oder zu sehr emotional aussieht, kann es sich hierbei um eine vorgespielte Emotion handeln.

Anzeichen 4: Häufig wechselnde Emotionen

Es kann vorkommen, dass Emotionen schnell wechseln. Das nennt man dann oft ein „Wechselbad der Gefühle". Doch jede Emotion hält eine gewisse Weile an und kann nicht einfach kommen und nach ein paar Sekunden wieder gehen. Das hat dann oft den Anschein, dass eine der Emotionen in erster Linie, sowieso nicht da war. Bemerken Sie bei Ihrem Gegenüber, dass sich sein Gesichtsausdruck im Takt immer wieder ändert und er beispielsweise plötzlich traurig und dann wieder fröhlich guckt, liegt es auf der Hand, dass seine Emotionen nicht ehrlich sind.

Mit dem häufigen Wechsel an Emotionen testen besonders auch Kinder aus, welche gezeigten Emotionen zum erwünschten Ziel führen.

TIPP 4: ACHTEN SIE AUF STRESSSYMPTOME

Als es um die Klischees des Lügen-Entlarvens ging, wurde bereits gesagt, dass Nervosität und das Zittern nicht unbedingt darauf schließen lassen, dass derjenige lügt oder gerade gelogen hat. Doch allgemein kann man sagen, dass Stresssymptome bei den meisten Menschen auftreten, wenn sie lügen. Nur wenige Menschen sind so geübt und skrupellos im Lügen, dass sie dies tun können, ohne dass man etwas bemerkt. Menschen empfinden es als stressig, zu lügen und zeigen dies unweigerlich in ihrer Körpersprache. Stresssymptome können sein: Zittern, Wippen, Wackeln, Starre, Blass werden, Rot werden, hin- und herschauen, ruckartige Bewegungen, Kratzen oder das Greifen an Körperteile wie die eigenen Arme.

Stress lässt beim Menschen ein automatisches Programm ablaufen. Der Mensch hat durch die Evolution drei mögliche Stressreaktionen herausgearbeitet, die in Stresssituationen abgerufen werden können. Das ist die Fluchtreaktion, die Kampfreaktion und das Erstarren.

Mit der Fluchtreaktion haben die Menschen in der Vergangenheit versucht, sich vor Gefahren zu schützen, indem sie vor ihnen wegliefen. Es wird im Gehirn das Glücks- und Aktivierungshormon Adrenalin, neben noch einigen anderen freigesetzt. So kommt es, dass der Mensch schnell laufen kann und andere Dinge wie Darmbewegungen und Hungergefühle erst einmal ausgeschaltet sind. Wenn eine Person lügt, scheint sie manchmal ebenso weglaufen zu wollen. Das kann man an der Stellung der Füße erkennen: Beispielsweise sind die Füße in einem L aufgestellt oder überkreuzt. Auch der Torso und der Blick sind in die Richtung des nächsten Ausganges gedreht. Menschen, die sich von einem wegdrehen, lügen nicht automatisch. Ihre Haltung kann auch ein Zeichen für Eile sein oder dafür, dass sie einen oder seine Meinung nicht mögen. Jedoch können diese Fluchtreaktionen auch aufgrund einer Lüge entstehen.

Eine weitere Stressreaktion ist der Kampf. Menschen, die sich in einer stressvollen Situation befinden, sind oft zum Kampf geneigt. Die biologischen Hintergründe sind dieselben:

Es werden Hormone ausgeschüttet und alles Weitere dafür getan, dass man seinen Gegner bekämpfen kann, ohne seine anderen Bedürfnisse wie Hunger und Durst zu bemerken. Personen, die sich in einem Kampfmodus befinden, zeigen dies in Form von Aggressivität. Sie ballen ihre Fäuste, schauen wütend oder gehen verbal defensiv vor: „Das habe ich gar nicht gesagt! Was unterstellst du mir hier?" Befindet man sich nicht in einem eskalierenden Streit mit jemanden und provoziert man ihn nicht direkt, indem man ihn beispielsweise beleidigt, scheinen diese aggressiven Reaktionen unpassend und können darauf hindeuten, dass der andere gerade gelogen hat und sich „wehren" will.

Die dritte und meistvergessene Reaktion auf stressvollen Situationen ist das Erstarren. Ursprünglich wurde diese Taktik vom Menschen genutzt und wird immer noch von anderen Tierarten angewendet, um den Fressfeind zu umgehen. Man stellt sich tot und will dem Gegner vorspielen, man sei nicht da, keine Gefahr oder es nicht wert, weiter beachtet zu werden. Diese Überlebenstaktik ist an gestressten Personen leicht zu erkennen:

Sie schränken ihre Bewegungen ein, verhalten sich allgemein leise und sorgen dafür, dass die Aufmerksamkeit nicht oder nur begrenzt auf ihnen liegt. Meist werden die eingefrorenen Gliedmaßen damit unterstrichen, dass im Gesicht der Person Angst zu erkennen ist oder dass der Mensch den Blick vermeidet und versucht, mit dem Gegenüber nicht weiter zu interagieren.

TIPP 5: ACHTEN SIE AUF DIE VERHALTENSKONTROLLE

Der Prozess, eine wahre Emotion zu zeigen, ist ein unbewusster. Eine Emotion jedoch gezielt durch eine andere zu verstecken, ist ein bewusster Prozess. Dadurch entsteht ein Verhalten, dass kontrolliert werden muss. Die echte Emotion muss aktiv versteckt und die unechte aktiv immer wieder verstärkt werden. Das verbraucht nicht nur Energie, sondern auch Willenskraft. Personen, die lügen sind, schneller müde und durch die gezielte Kontrolle der Emotion eingeschränkt. Sie können ihren Gefühlen nicht den freien Lauf lassen, sondern müssen immer wieder bewusst überlegen, welche Emotion passend wäre. Sie lügen eventuell nur einmal, müssen aber das folgende Gespräch dieser Lüge anpassen und auch mit Emotionen ein Konstrukt um die eine Lüge stricken.

Ob jemand sein Verhalten und seine Emotionen kontrolliert, die er zeigt, kann man daran erkennen, ob er bewusst oder unbewusst steuert, wie er aussieht und guckt.

Das ist daran zu erkennen, ob er schnell geschafft ist und ob er sich und seinen Gesichtsausdruck immer wieder überprüft und korrigiert. Er kann das weite Grinsen beispielsweise immer wieder von Neuem ansetzen und zwischendurch eine Mikroexpression zeigen. Man muss sich bewusst anstrengen, um den gewünschten Gesichtsausdruck zu erhalten.

Aber nicht nur durch die Emotionen, sondern auch das allgemeine Verhalten wird durch das Lügen zwangsweise kontrolliert. Wenn man diese eine Sache behauptet, kann man nicht diese andere Sache tun und muss sich gezielt zurückhalten. Dadurch entstehen zum Beispiel Griffe, die wieder zurückgenommen werden. „Ich rauche nicht mehr." Und darauf folgt ein kurzer Griff in die Hosentasche, in der die Zigaretten versteckt sind. Diese dürfen nun aber nicht in Anwesenheit der anderen Person aus der Tasche geholt werden, also wird die Hand wieder aus der Hosentasche geholt. Menschen, die lügen, verändern also ihr Verhalten und passen es der Lüge an. Dadurch entstehen abgehackte Bewegungen, abgebrochene Verhaltensweisen und automatische Griffe, die bewusst verhindert werden und zu Stress und Anstrengung führen.

Tipps für den Kopf

Wie schon im Kapitel, in dem es um die Sprache des Kopfes und des Gesichts geht, gesagt wurde, ist ein erhobener Blick oft arrogant. Ein gesenkter Blick wird als unsicher oder demütig interpretiert. Um selbstbewusst herüberzukommen, empfiehlt es sich hingegen, den Kopf geradeaus zu halten. Somit vermittelt man den Menschen um sich herum, dass man sich sicher ist, aber zugleich auch nicht überheblich an Aufgaben und die Beziehungen zu anderen Menschen herangeht. Zusätzlich sollte man auf seinen Blickkontakt zu anderen achten.

Hier ist es wichtig, dass man auf die Dauer und Intensität seines Blickkontaktes achtet. Wie bereits erwähnt wurde, wird zu langer Blickkontakt als störend und einschüchternd empfunden und zu kurzer oder gar kein Blickkontakt als unsicher und schüchtern. Möchten Sie selbstbewusst wirken, sollten Sie darauf achten, nicht zu lange, aber auch nicht zu kurz den Blick zu anderen zu halten. Achten Sie darauf, Personen, mit denen Sie sprechen, anzusehen, um Ihr Interesse zu bekunden.

Sie sollten jedoch nicht zu lange und eindringlich schauen und ab und zu Ihren Blick abwenden, um zu signalisieren, dass Sie keine Machtspiele spielen wollen, aber sich selbst sicher sind. Auch, wenn Sie selbst sprechen, sollten Sie die Personen, mit denen Sie sprechen, ansehen. Wenn Sie mit mehreren Menschen gleichzeitig sprechen oder Sie ansprechen möchten, achten Sie darauf, Ihren Blick gleiten zu lassen. Das bedeutet, dass Sie mal zur einen und mal zur anderen Person blicken. Bewegen Sie hier Ihren Kopf nicht zu ruckartig. Seien Sie langsam, aber bestimmt in Ihren Bewegungen und erinnern Sie sich an die zweite Faustregel: Geschwindigkeit.

Tipps für die Arme

Ebenso sollten Sie bei der Körpersprache des Selbstbewusstseins auf Ihre Arme achten. Zunächst ist zu bemerken, dass Sie geschlossene Positionen vermeiden sollten. Das bedeutet, dass verschränkte Arme oder Armhaltungen, die einen Teil Ihres Körpers verdecken, zu vermeiden sind. Hier ist an die erste Faustregel der Offenheit zu erinnern:

Seien Sie offen in Ihrer Körperhaltung und signalisieren Sie so den anderen, dass auch Sie nichts zu verbergen haben.

Viele Personen gestikulieren gern, wenn Sie eine Geschichte erzählen oder einen Sachverhalt erklären. Besonders am Arbeitsplatz wird dies deutlich. Das Gestikulieren während des Sprechens ist eine gute Art und Weise, seinen Gesprächspartner zu involvieren und dafür zu sorgen, dass er der Geschichte gut und aufmerksam folgen kann. Um besonders selbstsicher zu wirken, sollten Sie darauf achten, dass Sie während des Gestikulierens, das an sich eine selbstsichere Geste ist, wenn es nicht zu hektisch abläuft, Ihre Handflächen nach oben halten.

Auch dies bezieht sich wieder auf die Offenheit aus der ersten Faustregel.

Eine bekannte und für Selbstbewusstsein stehende Geste ist zudem, während des Sitzens seine Hände hinter dem Kopf zu verschränken. Hiermit nimmt man Platz ein und zeigt sich offen, denn bei dieser Körperhaltung sind der Torso und das Gesicht entblößt und könnten dadurch auch angegriffen werden. Zusätzlich strahlt diese Position Sicherheit und Ruhe aus.

Ein Mensch, der sich mit verschränkten Armen hinter dem Kopf hinsetzt, sagt, dass er sich in seiner Umgebung sicher fühlt und dass er zwar bereit wäre, mit anderen zu interagieren, aber durchaus auch allein seine Ruhe und Sicherheit behält.

Eine weitere Position, die man durch und mit seinen Armen einnehmen kann, um anderen Menschen zu zeigen, dass man selbstbewusst ist und in sich ruht, ist, mit einem Arm einen weiteren Sitz zu besetzen. Das kann bedeuten, dass man die Lehne des Nachbarstuhls mit seinem Arm blockiert oder dass man seine Hand auf den Stuhl neben sich legt.

Diese Geste bedeutet zusätzlich neben dem Selbstbewusstsein noch, dass man von sich selbst weiß, dass man Macht hat und diese in diesem Raum auch ausüben könnte, wenn man es wollte. Beispielsweise würde ein Abteilungsleiter in Anwesenheit seiner Untergeordneten diese Position einnehmen, den Arm aber zurücknehmen, wenn eine höher gestellte Person den Raum betritt. In diesem Fall ist ihm klar, dass er sein Selbstbewusstsein durch andere Gesten deutlich machen muss, da er nun nicht mehr der mächtigste Mensch im Konferenzraum ist.

Zudem gibt es noch eine weitere Körperhaltung, die für Dominanz und Selbstbewusstsein gleichzeitig steht. Sie wird oft von Personen verwendet, die schnell und effektiv ihre Autorität vor anderen klarmachen müssen, wie beispielsweise Polizisten. Wenn man seine Arme in die Seiten stemmt, kann das nicht nur dominant und selbstsicher, sondern auch abwehrend wirken. Man scheint keinen Platz für Diskussionen und Kritik zu lassen, weshalb man nur in den notwendigsten Situationen auf diese Position zurückgreifen sollte. Diese Körperhaltung kann dabei helfen, vor anderen klarzumachen, dass man es ernst meint und dass man seinen Punkt und seine Meinung weiterhin vertreten wird, auch wenn die anderen es nicht für richtig halten. Dadurch kann diese Haltung auch als stur übersetzt werden und sollte nur passend angewendet werden.

Allgemein hilft es, seine eigenen Gegenstände zu verteilen und sich „breitzumachen“. Das kann sich auf die Arme an sich beziehen, die man ausbreiten kann, oder auf seine Habseligkeiten, wie beispielsweise den Laptop oder den Notizblock. Es hilft, viel Raum einzunehmen, um seinen Mitmenschen mitzuteilen, dass man selbstsicher und dominant ist. Man sagt ihnen dadurch, dass man Platz verdient hat und dass als eine Autorität auch nutzen wird, um seinen Willen zu vertreten und, wenn möglich, auch durchzusetzen.

Tipps für die Hände und Finger

Eine der ersten und wichtigsten Interaktionen zwischen Menschen ist das Schütteln der Hände. Hier ist es besonders selbstbewusst, darauf zu achten, dass die eigene Hand nicht schlapp und klamm ist. Besser ist immer eine frische und trocknende Hand, die bei dem Schütteln die andere kurz und kräftig drückt. Das strahlt Selbstsicherheit aus. Auch sollte man beim Schütteln von der Hand eines anderen darauf achten, welcher seine Hand leicht höher als die andere Person hat. Das ist ein Zeichen von Dominanz. Wollen Sie also dafür sorgen, dass der anderen Menschen direkt weiß, dass Sie der dominantere Teil der Konversation und Interaktion sind, heben Sie Ihre Hand etwas über die der anderen Person oder schütteln Sie mit beiden Händen gleichzeitig die Hand des anderen.

Die selbstbewussteste Position der Hände ist das Dach. Hier werden die Fingerspitzen aneinandergedrückt und mit den Fingern ein spitzes Dach geformt. Diese Geste drückt Autorität und Macht aus. Wenn Sie also in einer Konferenz sichergehen wollen, dass Sie Ihren Willen durchsetzen können, wenden Sie diese Geste an.

Seien Sie sich zusätzlich darüber bewusst, dass die offene und die Hand mit verschränkten Fingern in verschiedenen Situationen auf unterschiedliche Arten interpretiert werden. Es gibt Situationen, in denen verschränkte Hände autoritär und selbstsicher wirken und wiederum Situationen, in denen es besser ist, die eigenen Hände offenzuhalten. Hier kommt es darauf an, was in einer Situation Ihr persönliches Ziel ist: Möchten Sie beispielsweise eine neue Person kennenlernen, halten Sie Ihre Hände möglichst offen und frei.

Wollen Sie hingegen Ihre bereits erreichte Autorität vor Ihren Kollegen klarmachen, können Sie Ihre Hände auch verschränkt halten.

Tipps für die Körperhaltung

Auch die allgemeine Haltung des eigenen Körpers kann anderen Personen ein gewisses Selbstbewusstsein signalisieren und auch dafür sorgen, dass man sich selbst sicherer fühlt. Dank der heutigen Technologien, wie Computer und Handy und der fehlenden Bewegung, die besonders bei Menschen, die im Büro arbeiten, entsteht, bilden sich einige Muskelgruppen zurück oder versteifen sich. Hier entsteht eine ungesunde Körperhaltung, bei der die Schultern nach vorn sacken, der Rücken sich rundet und der Kopf hervorsteht. Dadurch können nicht nur Schmerzen, sondern auch ein falscher Eindruck anderer Menschen entstehen. Statt dieser Körperhaltung sollten Sie sich antrainieren, Ihre Schultern nach hinten zu drücken und Ihren Kopf gerade zu halten. Auch der Rücken sollte gerade gehalten werden.

Meinungen anderer an der Körpersprache erkennen

Eigentlich ist allen Menschen klar, dass man keine Gedanken lesen kann. Man kann keinem Menschen direkt von der Stirn ablesen, was er über einen denkt oder was ihn zu einer bestimmten Handlung bewegt hat, doch anhand der Körpersprache einer Person kann man deren Gedanken erkennen und sich ein grobes Bild von ihrer Einstellung machen. Man kann an der Körpersprache eines jeden Menschen erkennen, ob sie einem zustimmen, sich eher von einem abwenden wollen und ob man von seinem Gesprächspartner gemocht wird.

KÖRPERSPRACHE IN ALLTAGSSITUATIONEN

In vielen Situationen des alltäglichen Lebens muss man als Mensch mit anderen interagieren. Man muss miteinander sprechen oder auch nonverbal kommunizieren. Schon allein, wenn man sich morgens ein Brötchen beim Bäcker holen möchte, ist dies nur durch zwischenmenschliche Kommunikation möglich. Man stellt sich vor die Theke und, nachdem man sich die Auswahl der Brote und Brötchen angesehen hat, entscheidet man sich für ein Körnerbrötchen und eine Laugenstange. Die Verkäuferin hinter dem Tresen sieht einen an und schaut fragend. Man antwortet mit seiner Bestellung und bekommt ein Nicken zurück, woraufhin alles eingepackt wird. Während man sein Wechselgeld entgegennimmt, lächelt man kurz und wünscht sich einander einen schönen Tag.

Auch, wenn diese alltägliche Situation keine großartige Wertung der einen oder der anderen Seite enthält, interagiert man doch zwischenmenschlich. Die Verkäuferin schenkt einem ihre Aufmerksamkeit und bestätigt, dass sie zugehört hat, mit einem Nicken.

Wenn man nach dem Verkauf lächelt, dreht man sich schon zur nächsten Tür und plant den Weg nach draußen. Es sind klitzekleine Gesten und Handlungen, die das Alltagsleben der Körpersprache ausmachen.

SYMPATHIE UND DESINTERESSE

Man kann die Gedanken keiner Person lesen, aber man kann anhand ihrer Körpersprache sehen, ob sich jemand wohlfühlt oder nicht. Hier muss man nur wissen auf welche Anzeichen man achten sollte und was vom anderen leicht beeinflusst werden kann.

Fühlt sich der andere wohl oder nicht?

Wie schon in den einzelnen Kapiteln zu den Körperregionen und ihrer Sprache gibt es bei allem eine Haltung, die das Wohlbefinden gut ausdrückt.

Wohlbefinden wird oft durch lockere Bewegungen, das Einnehmen vom Platz im Raum und eine gerade, aber nicht starre Haltung vermittelt. Wohlbefinden wird vermittelt durch überkreuzte Beine im Stehen, das Spielen mit den Schuhen oder mit anderen Kleidungsstücken, eine zurückgelehnte Haltung und große und ausgelassene Gesten mit den Händen oder Armen.

An Wohlbefinden scheint es zu mangeln, wenn eine Person sehr starr steht, sich kleinmacht oder zittert. Auch kann man auf ein Wohlbefinden schließen, wenn jemand plötzliche und abgehakte Bewegungen mit dem Kopf, den Armen oder den Beinen macht. Bei einem Gefühl von Wohlbefinden ist der Torso frei, offen und kann theoretisch angegriffen werden. Wird der Torso hingegen beschützt, verdeckt oder abgeschirmt, fühlt sich die Person nicht wohl in der Anwesenheit der anderen oder in dem bestimmten Raum.

Beteiligt sich der andere oder nicht?

Wie ist nun aber festzustellen, ob eine Person, mit der man sich unterhält, auch wirklich am Gespräch beteiligt ist? Wie kann man feststellen, ob jemand Interesse an dem hat, was man sagt, und wie soll man ausmachen, ob derjenige für das Thema brennt, wie man selbst und der gleichen Meinung ist?

Eine Person, die sich mit einer zweiten unterhält, ist ihr zugewandt und zeigt ihr Interesse durch Blickkontakt und eventuell ein Nicken. Der Torso ist zugewandt und die Fußspitzen zeigen zur sprechenden Person. Wenn die Person der redenden Person zustimmt, zeigt sie das mit einer offenen Haltung. Das bedeutet, dass sie ihren Torso nicht abschirmt, ihre Arme nicht überkreuzt und auch ihre Beine offen und parallel hält. Das Überkreuzen von Beinen oder Armen muss jedoch nicht immer heißen, dass der Mensch einem nicht zustimmt. Viele Personen finden diese Haltung auch einfach sehr gemütlich und zeigen damit, dass sie gelassen sind.

Abneigung gegenüber dem Gesagten kann man dadurch erkennen, dass sich der gesamte Körper von der sprechenden Person abwendet und dass die Fußspitzen von der sprechenden Person wegzeigen, oder ein L formen. Auch der Blickkontakt wird vermieden oder auf ein Minimum beschränkt.

Ob ein Mensch weiterhin Interesse an dem Gespräch hat, erkennt man zunächst daran, ob er sich aktiv beteiligt. Dazu kann man noch feststellen, ob die Person in ihrer Körpersprache eher starr und passiv ist oder sich viel bewegt und eventuell ihren Punkt durch das Gestikulieren mit ihren Händen unterstreicht. Je aktiver der Körper spricht, desto aktiver ist auch der Geist der anderen Person an dem Gespräch beteiligt und gedanklich involviert.

Mag mich der andere oder nicht?

Anhand der Körpersprache kann auch festgestellt werden, ob ein Gesprächspartner einen sympathisch findet oder nicht. Sympathie ist beispielsweise an Zugewandtheit zu erkennen. Der Torso der Person ist zu einem gedreht, die Fußspitzen zeigen zu einem und die Gesichtsmuskeln sind entspannt.

Oft lächeln Gesprächspartner, die einen mögen. Und zwar nicht nur mit dem Mund, sondern auch mit den Augen. Sie zeigen Zähne, kneifen die Augen zusammen und lachen nicht nur mit einem üblichen Geräusch, sondern paaren dies auch mit einem Zurückschmeißen des Kopfes oder einem Zucken der Schultern und des weiteren Oberkörpers. Auch hier ist es wieder wichtig, auf Offenheit und Geschwindigkeit der Bewegungen zu achten. Eine Person, die einen sympathisch findet, zeigt sich offen und spiegelt das auch in ihrer Körpersprache wider. Sie bewegt sich nicht hektisch, sondern frei.

Gerade zum Beginn, wenn man einen anderen Menschen mag und eventuell sogar romantisch an ihm interessiert ist, kann es auch dazu kommen, dass man nervös ist. Nervosität kann sich mit zittrigen Bewegungen zeigen und dadurch, dass man auf sein Äußeres bedacht ist und sich beispielsweise öfter in einem Spiegel ansieht. Man möchte sichergehen, dass man gut aussieht und für die andere Person attraktiv ist. Am Anfang einer Freundschaft oder einer Beziehung kann man sich zudem etwas verstellen. Das bedeutet, dass man dem anderen vorgaukelt, etwas zu mögen, wofür man sich eigentlich nur wenig interessiert. Man überspielt dann beispielsweise die Langeweile mit einem Lächeln oder einem gespielten Lachen. Man möchte sich durch dieses Verhalten beim anderen beliebt machen und ihm klarmachen, dass man mit ihm auf die eine oder andere Art zusammenpasst. Es sollte aber darauf geachtet werden, dass im Lauf einer Freundschaft oder Beziehung dieser Anteil des gespielten Interesses schwinden sollte.

Es ist komplett normal in den ersten paar Monaten einer Bekanntschaft, hier und da mit seinem Gesicht oder seinen Aussagen nicht ganz die Wahrheit zu sagen. Aber diese ungefährlichen Lügen sollten nach einigen Monaten abgestellt werden, damit man eine ehrliche Freundschaft oder Beziehung zum anderen aufbauen kann. Bemerkt man das gestellte Verhalten auch noch nach einem Jahr bei seinem Partner oder einem Freund, kann man davon ausgehen, dass man nicht mehr von der anderen Person gemocht wird oder dass sie sich nicht sehr für einen und für die Freundschaft oder Beziehung interessiert.

Wann zeitlich der Punkt gekommen ist, an dem man miteinander hundertprozentig ehrlich ist und keine Lügen und gespieltes Grinsen vorschiebt, muss man selbst entscheiden und ist vom Menschen unabhängig. Der Punkt der Ehrlichkeit kann bei Menschen, die viel Zeit miteinander verbringen, früher kommen als bei Personen, die sich nur am Wochenende oder alle paar Monate mal sehen.

DIE SIEBEN BASISEMOTIONEN ERKENNEN

Es gibt sieben Basisemotionen, die unabhängig von Land, Kultur und Persönlichkeit überall gleich gezeigt und angewendet werden. Die sieben Emotionen, die alle Menschen zeigen, sind laut psychologischer Forschung: Wut, Verachtung. Freude, Angst, Überraschung, Trauer und Ekel. Es gibt allgemeine Parameter, an denen man diese Emotionen bei allen Menschen erkennen kann. Dies kann zum Beispiel bei der Analyse von Mikroexpressionen helfen. Wenn man mit jemandem spricht, der für einen kurzen Zeitpunkt eine andere Emotion als die vorgeschobene zeigt, ist es hilfreich zu wissen, was man genau dort gesehen hat und welche Expression die andere Person eigentlich gerade zeigen wollte.

Wut

Wie zeigt sich Wut bei allen Personen? Zunächst muss man sagen, dass nur in extremen Situationen Wut offen und deutlich gezeigt wird. Sie wird oft aufgrund von der Sozialisation versteckt und vom Menschen selbst ignoriert und versucht zu rationalisieren. Doch wenn diese Emotion offen und klar gezeigt wird, merkt man dies schnell an den zusammengekniffenen Augen und an den gesenkten Augenbrauen. Menschen, die wütend sind, legen oftmals auch ihre Stirn in Falten und Bilden so zwischen den Augenbrauen Fältchen, die im entspannten Zustand nicht da sind. Die Lippen einer wütenden Person sind entweder zusammengepresst oder zum Schrei bereit und somit offen oder verzerrt. Der Kiefer kann beispielsweise auch herausragen und die Mundwinkel können verzerrt nach unten gezogen sein.

Erweitert man den Blick und sieht sich den gesamten Körper an, wird man bei wütenden Personen eine eher verkrampfte und zugleich aktivierte Körperhaltung entdecken. Viele wütende Personen sind zum Kämpfen bereit, ballen ihre Fäuste und spannen ihre Muskeln an.

Verachtung

Auch die Emotion der Verachtung kann deutlich erkannt werden. Menschen, die gerade Verachtung empfinden, zeigen dies durch hochgezogene Wangen oder hochgezogene Mundwinkel. Auch bei der Emotion der Freude werden die Mundwinkel hochgezogen. Bei der Verachtung jedoch entsteht im Bereich der Augen keine oder nur wenig Bewegung. Verachtung empfindende Personen lächeln demnach nur mit dem Mund und haben öfter ihre Lippen zusammengepresst und nicht locker oder offen. Durch die offenen Lippen schieben sich häufig deswegen auch die Wangenmuskeln nach oben. Beim abfälligen Grinsen geschieht dies beispielsweise nur in der einen Gesichtshälfte, während die andere neutral bleibt.

Verachtung zeigt sich auch in der allgemeinen Haltung des Körpers. Der Torso dreht sich weg und auch die Fußspitzen zeigen nicht zum verachtenden Reiz. Man wendet sich allgemein vom Reiz oder von der Person weg und vermeidet nach kurzer Zeit den Blickkontakt. Dazu ist die Position des Kopfes meist erhöht. An sich bleibt der Körper passiv und spannt sich nicht so sehr an wie bei der Wut.

Er will zwar nicht kämpfen, aber sich aktiv vom Reiz oder der Person distanzieren und eine Barriere aufstellen. Dies geschieht beispielsweise durch verschränkte Arme oder Abschirmen des Oberkörpers.

Freude

Ebenso zeigt sich die Emotion der Freude deutlich und offen im Gesicht eines Menschen. Sie ist eine der bekanntesten Emotionen und wird am häufigsten vorgetäuscht. Die Mundwinkel sind nach oben gezogen, der Mund an sich ist meist offen und zeigt zumindest einige der Zähne. Zudem sind die Augen leicht zusammengekniffen. Bei vielen Personen entstehen, sowohl um die Mundwinkel wie auch um die Augenränder Fältchen. Bei einem echten Lächeln grinst das gesamte Gesicht mit.

Menschen, die sich gerade freuen, haben eine lockere und offene Körperhaltung. Dem Reiz, der die Freude auslöst, wird sich aktiv zugewandt. Es wird sich nach vorn gelehnt, der Oberkörper ist offen und die Muskeln sind entspannt.

Bei vielen Personen entsteht jedoch auch durch Freude Hektik und Anspannung. Beispielsweise verkrampft sich der Oberkörper für einen kurzen Moment und die Freude empfindende Person springt in die Luft oder beginnt zu tanzen oder sich rastlos zu bewegen. Hier hängt es ganz vom Kontext ab: Kommt die Freude überraschend und plötzlich, ist die Person eher angespannt oder hektisch. Freut sich ein Mensch hingegen, da er sich in einer angenehmen Situation empfindet, ist er gelassener und passiver in seiner allgemeinen Körpersprache.

Angst

Die Angst ist eine starke Emotion, die sich durch die aufgerissenen Augen und den offenen und heruntergezogenen Mund erkennen lässt. Oft geht das auch einher mit hochgezogenen Augenbrauen und einer in Falten gelegten Stirn. Menschen, die Angst empfinden, versteifen sich oft in ihrer Körperhaltung und erstarren fast schon. Ihre Bewegungen sind abgehakt, vorsichtig und auf das Minimale begrenzt. Oftmals wird zudem versucht, von dem angstauslösenden Reiz wegzukommen.

Nur selten ist das jedoch das Wegrennen. Viele Menschen schirmen sich vom angsterfüllenden Reiz ab, indem sie wegsehen oder ihre Hände vor ihr Gesicht legen. Zudem versuchen sie mit aller Kraft, sich und besonders ihren Torso zu distanzieren, schirmen diesen ab oder wenden sich vom Reiz ab.

Überraschung

Auch, wenn eine Person Überraschung empfindet, reißt sie für einen kurzen Moment die Augen weit auf und hebt damit auch die Augenbrauen an. Die Stirn ist jedoch nicht so stark in Falten gelegt, wie bei der Angst. Die Emotion der Überraschung wird nur für einen kurzen Augenblick gezeigt und hat deswegen keine großen Auswirkungen auf den Körper. Es kann dazu kommen, dass der Körper kurz erstarrt oder dass in der Bewegung gestoppt wird. Danach wird der Körper der Überraschung angepasst. Ist es eine schöne Überraschung, sinkt die Anspannung, ist es eine unangenehme Überraschung, erhöht sich die Anspannung im Körper.

Trauer

Wenn ein Mensch traurig ist, zeigt er das oft durch heruntergezogene Mundwinkel und einen geschlossenen Mund. Die Wangen hängen ebenfalls schlaff nach unten. Die Augen sind nicht besonders weit geöffnet oder zusammengekniffen, die Augenbrauen hingegen sind nach unten gezogen und die Stirn liegt oft in Falten.

Die Schlappheit, die durch das Gesicht signalisiert wird, breitet sich auch auf den sonstigen Körper aus: Viele Menschen, die intensive Trauer erfahren, lassen alle Glieder lustlos und ohne Motivation hängen, gehen sehr langsam und führen auch andere motorische Dinge, wie das Greifen einer Tasse langsamer aus. Viele Menschen lassen zudem den Kopf hängen.

Ekel

Auch Ekel zu zeigen, wird meist vermieden. Besonders, wenn sich der Ekel auf Mitmenschen bezieht, versteckt man ihn gern hinter Neutralität oder sogar einem Lächeln.

Doch wenn diese Emotion offen gezeigt wird, erkennet man sie sofort an der gekräuselten Nase, der hochgezogenen oberen Lippe und den damit auch hochgezogenen Wangen.

Ähnlich wie bei der Verachtung und der Angst wird versucht, den Kontakt zum Reiz zu vermeiden, wodurch Barrieren aufgestellt werden oder sich vom Gegenstand oder der Person entfernt wird. Der Torso wird abgewandt, die Arme und Hände werden entfernt oder versteckt. Die Fußspitzen zeigen von dem Reiz weg und der Blickkontakt wird nach einem intensiven Blick abgewandt. Ekel ist eine eher passive Emotion und wird deswegen nicht mit einer intensiven Aktivierung des Körpers gepaart. Das bedeutet, dass Ekel empfindende Menschen keinen Kontakt suchen und sich eher für die Flucht vom Objekt entscheiden.

Nachdem wir uns intensiv mit dem faszinierenden Thema der Körpersprache auseinandergesetzt haben und die Geheimnisse nonverbaler Kommunikation entschlüsselt haben, steht uns nun ein ebenso spannendes Gebiet bevor: die ***Rhetorik****. Während die Körpersprache uns half, Emotionen und Absichten zu interpretieren, ermöglicht uns die Rhetorik, unsere Worte gezielt einzusetzen und unsere Botschaften mit Überzeugungskraft zu vermitteln. Sie werden lernen, wie Sie Ihre Kommunikationsfähigkeiten auf ein neues Level heben und sowohl im Beruf als auch im Alltag eine positive Wirkung erzielen können. Freuen Sie sich auf einen inspirierenden und praxisnahen Einblick in die* ***Kunst der Rhetorik****, um Ihre Ziele zu erreichen und mit Worten zu begeistern. Mit der Rhetorik geht auch die Schlagfertigkeit einher, die falsch angewendet nicht zu einer positiven Kommunikation beiträgt. Finden Sie Ihren weg, um mit Schlagfertigkeit zu glänzen, dabei aber trotzdem nicht negativ zu kommunizieren.*

Rhetorik und Schlagfertigkeit für gute Gespräche

Es gibt immer wieder diese Situationen, in denen einem die Worte fehlen und keine schlagfertigen Antworten sich im Gehirn bilden wollen. Solche Situationen erleben wir immer wieder, weil uns der Gesprächspartner auf dem falschen Fuß erwischt oder einfach die Spucke wegbleibt, weil wir auf eine solch dreiste Frage oder Aussage keine passende Antwort parat haben, die dem Gesprächspartner den Wind aus den Segeln nimmt und ihn in seine Schranken weist.

Der Punkt ist der, dass eventuell die falschen Worte gewählt werden, das Gefühl vorhanden ist, dass man dem gegenüber rhetorisch nicht gewachsen ist und daher lieber gar nichts sagt, als genauso bösartig und unverschämt zu werden. Rhetorik gemäß der alten Definition bedeutet nichts anderes als die Kunst des gesteigerten Umgangs mit Worten. Abgeleitet ist der Begriff aus dem altgriechischen „rhêoriké", der übersetzt „Redekunst" beziehungsweise „Kunst der Beredsamkeit" bedeutet.

Hat Rhetorik in der heutigen Zeit noch einen besonderen Stellenwert?

Rhetorik hat in der heutigen Zeit eine ganz neue Bedeutung, da auf der Ebene der Psychologie damit eine Steigerung des Selbstbewusstseins erfolgen kann. Durch ihre Wirkungsweise werden Menschen in Gesprächen wortgewandter und können psychologisch aktiver, fundierter und zielbewusster mit Worten umgehen und dadurch auch besser kommunizieren.

Als guter Rhetoriker halten Sie Reden, die andere Menschen überzeugen. Die gesprochenen Worte kommen beim Zuhörer an und bleiben im Gedächtnis. Das gilt nicht nur für normale Gespräche, sondern auch bei Verhandlungen und Gesprächen, in denen versucht wird, Sie anzugreifen oder in ein falsches Licht zu rücken. Rhetorik ist heute nicht nur eine Kunstform, sondern angewandte Wissenschaft. Die Art und Weise, wie Vorträge gehalten werden oder wie schlagfertig Sie auf Äußerungen anderer reagieren, erfolgt aufgrund von Stilmitteln und Methoden, die Sie bei einer Rede oder Diskussionen einsetzen. Dafür gibt es sogar Kataloge mit bestimmten Gegenfragen und guten Argumenten, die an Schlagfertigkeit kaum zu übertrumpfen sind. Sie zeigen Souveränität, Wortgewandtheit und übermitteln Botschaften, die der Gesprächspartner einfach annehmen muss und zukünftig dementsprechend handelt.

Wer glaubt, dass Rhetorik und Schlagfertigkeit dem eigenen Naturell entspringen, liegt vielleicht nicht ganz falsch. Es gibt diese Menschen, die immer eine passende Antwort parat haben und sich durch nichts aus der Ruhe bringen lassen.

Diese Personen haben Rhetorik und Schlagfertigkeit aber nicht in die Wiege gelegt bekommen. Sie haben großen Rednern gelauscht und diese als Vorbilder auserkoren. Es erfolgte ein Auseinandersetzen mit Sprache, Mimik, Gestik, Körpersprache und Körperhaltung, um diese zu adaptieren und mit der eigenen Persönlichkeit zu verbinden. Wie Sie sehen, lässt sich Rhetorik und vor allen Dingen Schlagfertigkeit erlernen, um immer und in jeder Situation richtig kontern zu können.

Schlagfertigkeit: So haben Sie auf jeden Spruch die passende Antwort

Sie kennen das garantiert auch: Sie erscheinen zu spät zu einem Meeting, verschütten den Inhalt des Kaffeebechers über den Konferenztisch, haben sich beim Essen in der Kantine mit Soße bekleckert oder einen Fleck auf dem Jackett, der bei der letzten Reinigung nicht rausgegangen ist. Solche überaus peinlichen und unangenehmen Situationen im Job, erleben Menschen immer wieder. Das Blut schießt in den Kopf, es wird rumgedruckst und es stellt sich ein Gefühl von Hilflosigkeit ein. Stunden später fallen Ihnen die passenden Antworten auf die Kommentare der Kollegen ein. Schade eigentlich! Doch das muss nicht so bleiben, da sich Schlagfertigkeit erlernen lässt.

Was bedeutet aber Schlagfertigkeit?

Mit Schlagfertigkeit ist die Kunst gemeint, spontan und gewandt auf eine unangenehme Situation zu reagieren und richtig zu kontern. Wer Schlagfertigkeit beherrscht, stoppt ganz automatisch verbale Attacken und schafft es im Handumdrehen, die Aussage des Gegners zu entkräften. Damit gerät er selbst ins schlechte Licht, während Sie selbst Souveränität und Selbstsicherheit ausstrahlen. Für Schlagfertigkeit sind drei Dinge wichtig:

1. **Sie brauchen die Fähigkeit zur Gegenwehr**: Seien Sie ruhig einmal frech und verabschieden Sie sich von dem Gedanken, dass Sie es allen recht machen müssen. Was gesagt wird, hat keine entscheidende Bedeutung. Wichtig ist, dass Sie den Mund aufmachen und etwas sagen.

2. **Die Fähigkeit zu argumentieren**: Wenn Sie die Kunst beherrschen, auch in stressigen Situationen und unter Druck Ihre Meinung zu äußern und passende Argumente zu finden, sprechen andere Menschen Ihnen eine hohe Integrität zu.

3. **Humor**: Anstatt verbale Angriffe persönlich zu nehmen, zeigen Sie Belustigung. Gelassenheit verbreiten Sie, indem Sie über sich selbst lachen und sich nicht so ernst nehmen.

Es ist durchaus lohnenswert, die eigene Schlagfertigkeit auszubauen und zu verbessern. Denn damit erreichen Sie:

- mehr Respekt Ihrer Kollegen,
- das Vermitteln eines souveränen Eindrucks und
- eine Steigerung des Selbstwertgefühls.

Schlagfertigkeit und Körpersprache – eine enge Verbindung

Eine Ergänzung zum vorherigen Thema der Körpersprache. Wie Sie schon gelernt haben, ist auch die Verbindung der Körpersprache mit der Rhetorik verbunden, um eine positive Kommunikation zu erlangen. Egal, wo Sie anderen Menschen begegnen, wenn Sie einmal unterschiedliche Gesprächsszenarien aus einer gewissen Distanz beobachten, erfahren Sie allein durch die Körpersprache, Mimik und Gestik, worum es in diesem Gespräch geht. Dafür brauchen Sie noch nicht einmal die gesagten Worte zu verstehen.

Sie haben bestimmt schon einmal Schattenspiele oder Pantomimen zugeschaut, die Ihnen ganz ohne Worte eine lebhafte Geschichte erzählen. Sie nutzen die Körpersprache, Körperhaltung, Mimik und Gestik, um Gefühle auszudrücken. Genauso wie Sie im Gesichtsausdruck, in der Körperhaltung und den Bewegungen erkennen können, was der Darsteller Ihnen erzählen möchte. Dies können Gesprächspartner an Ihrer Körperhaltung, im Gesicht und Ihren Bewegungen lesen und daraus bestimmte Schlüsse ziehen. Sie brauchen nicht nur die richtigen Worte, sondern eine schlagfertige Reaktion, die Sie mit der Körpersprache zum Ausdruck bringen. Sie haben keinen Grund sich zu verstecken oder beschämt zu Boden zu schauen.

Stellen Sie sich aufrecht hin und schauen Sie dem Angreifer in die Augen.

Der direkte Blickkontakt und die aufrechte Haltung des Körpers zeigen der anderen Person, dass Einschüchterung und Angst machen nicht funktionieren.

Seien Sie sich bewusst, dass jeder Schlagfertigkeit lernen kann. Dazu sollten Sie aber über einen aktiven Sprachschatz verfügen, den Sie jederzeit abrufen und einsetzen können. Jeder Konter lebt von einem clever gewählten Spiel mit Worten und einem scharfen Wortwitz sowie Spitzen. Wer dieses Sprachgefühl nicht besitzt, wird niemals die gewünschte Wirkung erzielen und eher in die Ecke der stumpfen Schwätzer gedrängt.

Um den Sprachschatz zu erweitern, sollten Sie viel lesen, reden und noch mehr üben, um das Spiel mit Worten zu erlernen. Bilden Sie beispielsweise mit Freunden zusammen Assoziationsketten. Das macht nicht nur Spaß, sondern erweitert den Wortschatz. Sie sagen dabei das erste Wort und anschließend erfolgt das Assoziieren eines weiteren Wortes. So geht es immer weiter, bis das Spiel ins Stocken gerät. Nun wird ein neues Wort gewählt und genauso fortgefahren. Sie können aber auch allein üben, indem Sie auf ein bestimmtes Wort in einer Zeitung oder Zeitschrift tippen und sich Wortassoziationen ausdenken.

Versuchen Sie sich eine Sammlung von Schlagfertigkeitssprüchen anzueignen, auf die Sie in Notfällen immer zurückgreifen können.

Eine größere Wirkung hat es zwar, wenn Sie spontan einen Spruch aus dem Hut zaubern, doch dafür brauchen Sie eine gewisse Trainingszeit. Damit Sie jeweilige Situationen gut meistern und Ihr Selbstvertrauen ausbauen können, sollten Sie sich folgende Klassiker gut einprägen. Sie sind auf viele Bemerkungen anwendbar. Bezeichnet werden solche

Antworten als Trigger Sätze, die sich folgendermaßen gestalten:

- Das sehen Sie so richtig!
- Ich überlege mir das nochmal!
- Das ist Ihre Meinung!
- Ich habe Sie nicht verstanden. Was wollen Sie damit zum Ausdruck bringen?
- Daran sollten Sie sich gewöhnen!
- Ich höre Sie, verstehe aber nicht, was Sie wollen!
- Das ist Ihr Problem und nicht meins!
- Das will ich damit zum Ausdruck bringen!
- Das kann jeder behaupten!
- Das ist ein klassischer Ausdruck von Einbildung!

Bauen Sie Ihr Repertoire an Trigger Sätzen immer weiter aus, um schlagfertiger zu werden. Natürlich brauchen Sie einige Zeit, um Schlagfertigkeit zu erlernen. Daher ist es nicht verkehrt, wenn Sie sich Situationen, in denen Sie hätten, richtig kontern sollen, immer wieder vor Augen führen und unterschiedliche Antworten gedanklich durchspielen. Speichern Sie die Antworten in Ihrem Gedächtnis ab, die Ihnen spontan einfallen.

Damit erreichen Sie, dass Sie sich bei vergleichbaren Gegebenheiten leichter zur Wehr setzen können. Und hier ein Satz, den Sie sich gut einprägen sollten:

Zitat:

„Der Vorteil von Klugheit liegt darin, dass man sich dumm stellen kann. Das Gegenteil ist schon schwieriger."

Kurt Tucholsky

Trainieren Sie vor allen Dingen, in die Offensive zu gehen und verabschieden Sie sich von der Angst, dass Sie etwas Falsches sagen könnten. Bedenken Sie, dass der Konter immer eine Überraschung ist, da er weh tut und den anderen zutiefst trifft.

Wer in die Situation gerät, verbal angegriffen zu werden, geht aus der ersten Schrecksekunde heraus in die Defensive. Das Überwinden des Schocks ist die schwierigste Lektion, die Sie lernen müssen. Die Schockstarre überwinden gelingt Ihnen, wenn Sie verbale Angriffe als kommunikativen Schlagabtausch oder als Kompliment sehen. Ihr Gesprächspartner schenkt Ihnen in diesem Moment seine ganze Aufmerksamkeit, indem er Sie als Ziel für verbale Balgereien ausgewählt hat.

Schlagfertigkeitstaktiken

Bevor Sie nun einige Taktiken für mehr Schlagfertigkeit kennenlernen, müssen Sie das Problem verstehen. Fiese Sprüche kommen aus dem Nichts und treffen Sie völlig unerwartet. Sie fühlen sich verletzt, gedemütigt und vorgeführt. Aus dieser Stresssituation heraus wollen Sie am liebsten die Flucht ergreifen. Das ist ein normaler Reflex. Und genau dieser ist der Hinderungsgrund, warum Sie nicht sofort auf den verbalen Angriff reagieren. Wenn Sie jetzt nicht krampfhaft versuchen, die passende Antwort zu finden, wird sich diese von ganz allein einstellen.

- Die **Rückfrage-Taktik** ist immer anwendbar. Dabei wird der Ball an den Gesprächspartner zurückgespielt. Wenn Ihr Gegenüber Ihnen sagt, dass Sie im Urlaub tüchtig an Gewicht zugelegt haben, können Sie mit folgender Antwort perfekt kontern: „Ja, das mag schon sein. Hatten Sie einen schönen Urlaub? Anscheinend war das Essen in Ihrem Hotel nicht so lecker.“

- Mit der **Umkehr-Technik** wird der Spieß einfach umgedreht und der Gesprächspartner bloßgestellt. Richtig angewendet, sorgt die Technik für beste Unterhaltung.

  Da Sie sich allerdings damit schnell Feinde machen und eine Retourkutsche nicht lange ausbleiben wird, sollten Sie Vorsicht walten lassen.

- Bei der **Zustimmungs-Taktik** wird sich nicht verteidigt, sondern dem Angreifer zugestimmt. Damit nehmen Sie den verbalen Angriffen den Wind aus den Segeln, sodass diese ins Leere laufen. Ein gutes Beispiel dafür ist Sigmar Gabriel, der auf einer Bundespressekonferenz von Alexander Dobrint als unfähig und übergewichtig bezeichnet wurde. Seine Antwort darauf war: Zitat: „Zumindest bei der einen Hälfte hat er ja recht. Zu welcher, hängt von der Gewichtsklasse des Betrachters ab.“

- Mit der **Kompliment-Taktik** setzen Sie Ihren Angreifer durch ein ironisches Lob außer Gefecht. Wenn beispielsweise Ihre Ausführung bei einer Präsentation als überflüssig und unsinnig bezeichnet werden, können Sie folgendermaßen kontern:

- ➢ Eine großartige Argumentation. Darf ich diese notieren?
- ➢ Sie beeindrucken mich sehr!
- ➢ Kompliment! Einen solchen Einwurf habe ich von ihnen gar nicht erwartet!
- ➢ Das haben Sie großartig ausgedrückt. Können sie die Aussage bitte wiederholen?

- Mit der **Übersetzungs-Taktik** drehen Sie die Aussage des Gegenübers um und übersetzen seine Worte. Wenn Ihnen beispielsweise unterstellt wird, dass Sie der Liebling des Vorgesetzten sind, können Sie folgendermaßen kontern: „Sie meinen wohl damit, dass der Vorgesetzte das richtige Fingerspitzengefühl dafür hat, um mit mir richtig umzugehen."

- Bei der **Ausweich-Taktik** wird erst gar nicht auf den Inhalt der Verbalattacke eingegangen. Viel mehr machen Sie daraus ein Thema, um die unsachliche Art und Weise der aktuellen Kommunikation in den Vordergrund zu stellen. Damit erreichen Sie, die Aussage des Angreifers zu isolieren. Das gelingt Ihnen beispielsweise, indem Sie dem Angreifer sagen, dass seine unsachlichen Bemerkungen keinen weiterbringen und dass sich doch auf den richtigen Umgangston besonnen werden sollte.

Vorsicht bei Schlagfertigkeit im Job!

Für hitzige Debatten gelten auf der Arbeit und im Büro andere Regeln. Damit Schlagfertigkeit die gewünschte Wirkung hat, müssen die Trigger Sätze präzise, schnell und schmerzhaft sein. Freche Antworten kommen einem Fehlschlag gleich, da der Erfolg nur mit großen Opfern und hohem Einsatz verbunden ist. Wer versucht, den Gegenüber mundtot zu machen, erzeugt damit Rachegefühle oder schlimmere Gelüste. Denn durch die Pointe der ursprünglichen Verbalattacke setzt sich bei den Kollegen der Vorwurf erst recht in ihren Köpfen fest. Darum sollte die Rhetorik im Büro niemals eine Kampfansage sein, sondern viel eher die Demonstration der eigenen Souveränität. Damit Ihnen das gelingt, gibt es alternative Techniken für Schlagfertigkeit.

Einen verbalen Schlagabtausch im Büro sollten Sie als sportlichen Wettkampf sehen. Auch wenn der andere dabei nicht fair spielt, ist es trotzdem nur ein Kampf. Wer sich in einer solchen Situation nur Gedanken um das eigene Image in der Firma macht, wird niemals den nötigen inneren Abstand erreichen. Sie lassen sich provozieren und schaffen es nicht, sachlich auf die Verbalattacke zu reagieren. Aggressoren greifen gerne in die Trickkiste, damit Sie schneller eine Reaktion auf den verbalen Angriff zeigen.

Sie haben vielleicht schon mit diesem Angriff gerechnet und wissen genau, wie Sie darauf reagieren und richtig kontern können. Denken Sie in solchen Situationen an die Geschichte von Hase und Igel, wo der andere immer schon da ist. Steigen Sie aus diesem Hamsterrad aus und beginnen Sie, die Situation zu kontrollieren. Das gelingt Ihnen, indem Sie eine Rückfrage stellen oder sich für die Offenlegung des Standpunktes bedanken, den Ihr gegenüber so leidenschaftlich zum Ausdruck gebracht hat. Damit haben Sie wieder das Ruder in der Hand und können das Tempo vorgeben.

Wer gut kontern möchte, braucht Humor. Denn wer es schafft, auf lockere Weise zu antworten, sorgt für eine taktvolle Retourkutsche, die mit Charme und Selbstironie gewürzt ist. Damit lässt sich fast jeder verbale Angriff und giftige Spruch entkräften.

Versuchen Sie maßlos zu übertreiben. Das gelingt Ihnen, wenn Sie den Vorwurf des Angreifers einem noch viel schlimmeren Szenario gegenüberstellen. Werden Sie beispielsweise wegen der Länge Ihrer Präsentation angegriffen, ist folgende Antwort eine perfekte Retourkutsche: „Natürlich bin ich mit meinen Ausführungen noch nicht fertig. Oder wollen Sie nicht über alle wichtigen Details informiert werden?“ Versuchen Sie verbale Angriffe konsequent zurückzuweisen. Zeigen Sie deutlich auf, dass die Ausführung die Version des Angreifers ist, die Tatsache aber anders aussieht.

Das ist zwar nicht die originellste Taktik, aber damit lässt sich erreichen, dass das Gespräch wieder zurück auf die sachliche Ebene geht. In einem Meeting fliegen Ihnen mitunter folgende Sätze um die Ohren: „Sie sind aber sehr naiv für Ihr Alter“ oder „In diesem Job reicht es nicht, gut auszusehen“. Natürlich sind diese verbalen Angriffe eine absolute Frechheit! Solche Sätze können sogar mitunter vom Chef kommen. Wie sollen Sie nur darauf reagieren?

Eigentlich sollten Sie den Angreifer in seine Schranken weisen. Ihn vor den Kopf zu stoßen ist allerdings weniger klug. Eine viel elegantere Wirkung erreichen Sie, indem Sie einfach nichts sagen, dem Angreifer intensiv in die Augen schauen und eine Minute schweigen. Es ergibt sich eine erwartungsvolle Schweigeminute, die Ihnen die Gunst in die Hände spielt.

Während die ausgesprochene Unverschämtheit noch den Raum erfüllt, stellt sie sich als peinlich und niederträchtig dar. Indem Sie so reagieren, zeigen Sie Größe, Souveränität, zeigen, dass Sie sich unter Kontrolle haben und darüberstehen. Ist die Schweigeminute vorbei, machen Sie einfach weiter, als ob nichts gewesen wäre. Damit bringen Sie zum Ausdruck, dass Sie das Niveau des Angreifers nicht aufgreifen werden. Der Aggressor hat sich mit seiner verbalen Attacke selbst disqualifiziert.

Gesprächsführung – Regeln, Methoden und die richtigen Fragen

Es gibt nichts Spannenderes als anregende Gespräche, in denen offen über Meinungen diskutiert und Informationen in jeglicher Form ausgetauscht werden. Leider kommt es vor, dass Gespräche eine eigene Dynamik entwickeln. Es entstehen Missverständnisse, rechthaberisches Getue oder es wird geschwiegen.

Die Atmosphäre ist weder locker noch sympathisch, sondern wird von unangenehmen Gefühlen begleitet. Gute Gespräche führen, wo sich alle Beteiligten wohlfühlen und sich konstruktiv einbringen, gestaltet sich besonders schwierig. Die hohe Kunst von guter Konversation ist aber erlernbar. Denn jeder besitzt theoretisch die Fähigkeit. Allerdings gehört dazu echtes Interesse, das dem Gesprächspartner entgegengebracht wird.

Gespräche ohne Gesprächsführung – das kann nur schiefgehen

Bei guten, gelungenen Gesprächen wird dem Gesprächspartner auf Augenhöhe und mit Respekt begegnet. Damit bekommt er den Eindruck, auf gleicher Wellenlänge zu sein und merkt, dass er verstanden wird. Das hört sich ganz einfach an. Doch leider ist genau das so schwer umsetzbar. In Gesprächen passiert nämlich etwas anderes: Menschen fühlen sich missverstanden und manipuliert. Mitunter haben sie das Gefühl, dass ihre eigene Meinung und die Äußerungen einfach übergangen und ignoriert werden. Ein echter Dialog kommt gar nicht erst richtig zustande. Doch woran liegt das? Grund dafür sind drei Fehler, die immer wieder bei Gesprächen gemacht werden:

Die Teilnehmer eines Gesprächs reden nicht miteinander, sondern aneinander vorbei, auch wenn viel geredet wird. Andere Personen, die am Gespräch beteiligt sind, verstehen gar nicht, was der Gesprächspartner gerne zum Ausdruck bringen möchte oder wirklich sagt. Ein gutes Beispiel dafür ist beispielsweise Podiumsdiskussionen, bei denen jeder Redner seine Redezeit dazu nutzt, seinen Standpunkt deutlich zu machen.

Auf die Teilnehmer wird dabei in keinster Weise eingegangen. Schnell machen sich Missverständnisse und Frust breit.

Vielfach werden wesentliche Dinge zur Nebensache, da in Gesprächen der Gesprächspartner vom Hauptthema abschweift, weil ihm die richtigen Argumente ausgehen. Bei Diskussionen wird nicht mehr über den Inhalt, sondern über einen wenig professionellen Ton gestritten. Dadurch rückt das Gesprächsthema in den Hintergrund und erhoffte Ergebnisse bleiben aus.

Der Verlauf von Gesprächen wird von Vorurteilen bestimmt. Anders ausgedrückt: Jeder hat seinen eigenen Standpunkt, der in Stein gemeißelt ist. Niemand ist dazu bereit, davon abzurücken, die eigene Meinung zu hinterfragen und sich eventuell eines Besseren belehren zu lassen. Unterschiedliche Standpunkte führen daher zu Meinungsverschiedenheiten. Es entstehen automatisch Konfliktsituationen, wo Beschuldigungen und Rechtfertigungen an der Tagesordnung sind. Zwangsläufig läuft das Gespräch aus dem Ruder und wird zum handfesten Streit. Egal, ob bei Meetings, Diskussionen auf Social-Media-Kanälen oder bei ganz normalen Gesprächen im privaten oder beruflichen Bereich – alle laufen leider meist nach dem gleichen Schema ab, wenn keiner der Teilnehmer die Gesprächsführung übernimmt.

Soll nicht heißen, dass einer das Gespräch dominiert und an sich reißt. Vielmehr geht es um ein sanftes Lenken, um beim Thema zu bleiben beziehungsweise schlussendlich ein gutes, Früchte tragendes Gespräch mit anderen Personen zu führen.

Es gibt zentrale Elemente, die für die Gesprächsführung wichtig sind.

- **Verstehen** – zuhören, fragen, eingehen, verstandenes anderen mitteilen, spiegeln
- **Führen** – sammeln von Vorschlägen, strukturieren, Stellung nehmen, erarbeiten von Lösungen, Beziehungen klären

Gelungene positive Gesprächsführungen – 11 Praxistipps

Sie stoßen immer wieder auf genug Gelegenheiten, in denen ein gutes Gespräch sehr vorteilhaft ist. Vielleicht haben Sie ein Gespräch mit einem Kunden, wurden zu einem Vorstellungsgespräch eingeladen, haben einen Termin mit Geschäftspartnern oder sind auf einer Konferenz, um neue Kontakte zu knüpfen. Wer in der Lage ist, gute Gespräche zu führen, hat es leichter, Kontakte zu knüpfen, erhält bessere Informationen und kann leichter eigene Ziele verfolgen. Gesprächsführung wird zum Erfolg, wenn Sie es schaffen, Fehler zu vermeiden und nicht in irgendwelche Fettnäpfchen zu treten. Bessere Gespräche führen Sie garantiert mit diesen 11 Praxistipps:

1. Bereiten Sie sich auf Gespräche vor:

Eine gute Vorbereitung ist unverzichtbar. Denn der Gesprächspartner merkt sehr schnell, wenn Sie keine Ahnung haben, wer Ihr Gegenüber ist. Genauso wichtig ist es, dass Sie wissen, worum sich das

Gespräch drehen soll. Schlechte Organisation hinterlässt einen negativen Eindruck und zeigt dem Gesprächspartner, dass Sie einfach keine guten Gespräche führen können.

Planen Sie im Vorfeld genug Zeit ein, um Informationen zu sammeln und intensiv zu recherchieren. Wer ist der Mensch, mit dem Sie ins Gespräch kommen wollen? Welches Thema wird angesprochen? Haben Sie dieses Wissen, werden Sie nicht mit bösen Überraschungen konfrontiert und hinterlassen garantiert einen professionellen Eindruck.

2. Schaffen Sie Klarheit über Ihre eigenen Ziele:

Bei jedem Gespräch, egal, ob bei Verhandlungen mit einem Kunden oder einer Diskussion mit Kollegen – Sie sollten Kenntnis darüber haben, was Sie von diesem Gespräch erwarten. Das ist eine gute Orientierungshilfe während Gesprächen, um frühzeitig eingreifen zu können, wenn sich die Kommunikation ganz anders entwickelt und vom eigentlichen Thema abweicht. Solange Sie das Ziel des Gesprächs vor Augen haben, überlassen Sie nichts dem Zufall und können aktiv teilnehmen.

3. Führen Sie Dialoge und keine Monologe:

Gute Gespräche beruhen darauf, dass ein guter, echter Dialog zustande kommt. Wenn Sie merken, dass Sie über einen längeren Zeitraum einen Monolog führen, sollten Sie dem Gegenüber schnellstens die Möglichkeit geben, das Wort zu ergreifen. Das gelingt beispielsweise, indem Sie dem Gesprächspartner eine Frage stellen.

Umgekehrt funktioniert das genauso:

Wenn Sie feststellen, dass Sie zum Gespräch nichts beitragen können, sollten Sie aktiv werden. Nur wenn Sie und Ihr Gesprächspartner aktiv das Gespräch vorantreiben, entsteht aus einem Monolog ein guter Dialog.

4. Nutzen Sie geschickt formulierte Fragen:

Mit geschickt gestellten Fragen lenken Sie jedes Gespräch in die richtige Richtung. Nutzen Sie zudem

Nachfragen, um Ihr Interesse zu signalisieren. Außerdem erfüllen Fragen in einer Gesprächsrunde auch ihren eigentlichen Zweck, nämlich den Austausch von Informationen und gegenseitiges Verständnis. Darum sollten zu jeder Zeit und möglichst oft gezielte Fragestellungen bei der Gesprächsführung verwendet werden.

5. Vermitteln Sie dem Gesprächspartner Glaubwürdigkeit:

Ehrliche Gespräche basieren auf Vertrauen. Ganz gleich, ob es um Gehaltsverhandlungen, sachliche Diskussionen zu einem bestimmten Thema oder Smalltalk geht.

Entsteht das Gefühl, dass Informationen vorenthalten werden, hat der Gesprächspartner das Gefühl, hintergangen zu werden. Das Gespräch wird von Misstrauen geprägt. Gesprächspartner werden vorsichtig mit ihren Äußerungen und geben nur wenig preis. Um das zu vermeiden, sollten Sie im Dialog immer ehrlich und authentisch bleiben. So können Sie das Gespräch perfekt lenken.

6. Verzichten Sie auf allgemeine Floskeln und werden Sie persönlich:

Indem Sie Ihren Gesprächspartner persönlich ansprechen, zeigen Sie ihm, dass er im Mittelpunkt Ihrer Aufmerksamkeit steht und Sie darauf aus sind, Gemeinsamkeiten zu entdecken. Damit zeigen Sie, dass Sie sich wirklich für den Gesprächspartner interessieren und Wert auf seine Meinung und Gefühle legen.

7. Gehen Sie unvoreingenommen in Gespräche:

Auch wenn Kollegen bereits schlechte Erfahrungen mit diesem speziellen Kunden oder Vorgesetzten gemacht haben, weil sich nur schwer mit ihm verhandeln lässt, sollten Sie bei einem Gespräch diese Gedanken beiseiteschieben.

Denn damit ergibt sich bei Unterhaltungen eine verhaltene, verschlossene Atmosphäre. Bekommen Sie selbst einen Eindruck von diesem Gesprächspartner, ohne ihn durch die Meinung anderer gleich zu verurteilen. Wer seine Offenheit behält, wird auch mehr Offenheit beim Gesprächspartner erreichen.

8. Bleiben Sie respektvoll:

Die wichtigste Regel beim Gespräche führen ist ein respektvolles Verhalten. Egal, wie hitzig die Diskussionen auch werden, Sie sollten niemals den Gesprächspartner persönlich angreifen. Das ist ein absolutes Tabu. Bleiben Sie sachlich, ruhig und positiv. Sie dürfen die Meinung infrage stellen aber nicht den Menschen. Zu einem respektvollen Umgang gehört auch, dass Sie den Gesprächspartner ausreden lassen, anstatt dem anderen ins Wort zu fallen und zu beleidigen. Damit erreichen Sie garantiert kein besseres Ergebnis.

9. Akzeptieren Sie Kritik und andere Meinungen:

Genau diese beiden Dinge sind es, die anregend wirken und dazu führen, dass sich ein neuer Blickwinkel einstellen kann. Damit lässt sich die eigene Perspektive überprüfen und eventuell korrigieren.

Daher ist es von großer Bedeutung für gute Gespräche, das konstruktive Kritik angenommen und nicht als Angriff gesehen wird. Die anderen Ein- und Ansichten können Sie dazu nutzen, um die eigene Meinung zu ergänzen oder zu festigen. Meckern und destruktive Kritik dürfen Sie natürlich überhören und ignorieren.

10. Aktives Zuhören bei einem Gespräch:

Bei der Gesprächsführung gehört aktives Zuhören dazu und nicht nur das darauf warten wird, um selbst wieder das Wort ergreifen zu können. Zu aktiven Zuhörern gehören nicht nur die Äußerungen des Gesprächspartners, sondern auch die Wahrnehmung der Körpersprache und die unbewussten Signale, die ausgesendet werden. Das passiert aber, wenn Sie sich nicht auf den Gesprächspartner konzentrieren. Mit Gesten und Ihrer Körpersprache zeigen Sie, dass der Gesprächspartner Ihre volle Aufmerksamkeit hat.

11. Fassen Sie Gesagtes nach einem gelungenen Gespräch zusammen:

Damit vermeiden Sie Missverständnisse, die ansonsten nicht aufgefallen und ausdiskutiert worden wären. Gut eigenen sich dafür auch Zwischenergebnisse von Gesprächen, wenn es beispielsweise um Leistungen geht, die das Unternehmen für den Kunden erbringen soll.

EXTRA-TIPP: Gespräche vertagen! Es gibt solche Gespräche, die nicht gleich zum gewünschten Erfolg führen. Bevor hitzige Diskussionen entstehen oder zu Anfeindungen und Schuldzuweisungen gegriffen wird, sollte das Gespräch "jetzt" abgebrochen und zu einem späteren Zeitpunkt fortgeführt werden. So haben beide Parteien die Gelegenheit, über den Gesprächsverlauf nachzudenken, sich zu beruhigen und mit besserer Laune und neuer Energie gemeinsam Lösungen zu finden.

Totschlagargumente und wie Sie richtig darauf reagieren

Es gibt diese Totschlagargumente, die den Gesprächspartner, aus Diskussionen, immer als Sieger hervorgehen lassen, weil diese überaus effektiv sind. „Was Sie das machen, hat weder Sinn noch Verstand!“ Zack! Voll ins Schwarze getroffen! Und wieder fühlen Sie sich durch die Killerphrasen vor den Kopf gestoßen und sind völlig sprachlos wegen dieser unverschämten, taktlosen Äußerung.

Was sind Killerphrasen beziehungsweise Totschlagargumente eigentlich?

Beide Begriffe dienen als Bezeichnung für Argumente, die wie die berühmte Keule wirken, die Sie über den Kopf gezogen bekommen. Sie werden damit völlig außer Gefecht gesetzt, fühlen sich wie gelähmt und Ihnen will partout keine passende Antwort darauf einfallen. Von Killerphrasen werden Sie einfach überrumpelt. Sie entspringen Gefühlen und bieten weder Zusammenhänge, noch beruhen sie auf Fakten. Und sie sind sehr effektiv. Mit Totschlagargumenten schaffen Sie es, eine Diskussion mit nur einem Satz sofort zu beenden, bevor diese überhaupt richtig in Gang gekommen ist. Darum begegnen Sie diesen Killerphrasen überall, im Büro, zu Hause und natürlich in der Politik.

Ein kleines Beispiel: Sie haben eine Präsentation für das Meeting mit den Kollegen erstellt, die Sie selbst präsentieren. Nachdem Sie mit Ihren Ausführungen fertig sind, wirft Ihnen Ihr Vorgesetzter vor: „Das ist alles graue Theorie, die in der Praxis niemals funktionieren wird. Sie sind halt kein Praktiker, sondern nur Theoretiker!" Ihre Idee wurde gerade einfach totgeschlagen!

Was steckt hinter solchen Totschlagargumenten? Gründe für Killerphrasen gibt es unterschiedliche:

- Vielleicht kann sich der Vorgesetzte nicht mehr anders helfen und hat keine besseren Argumente auf Lager...
- Vielleicht hat er ein Problem mit Ihnen, mag Sie nicht und will ganz einfach nur Ihre Idee als unsinnig erklären...
- Vielleicht will er sich profilieren und als Gewinner aus dem Gespräch hervorgehen...
- Vielleicht ist er überfordert und gestresst...
- Vielleicht hat er auch keine Lust, sich inhaltlich mit Ihren Ausführungen näher zu beschäftigen...

Totschlagargumente sind nicht immer ein persönlicher Angriff gegen Sie. Oft genug stecken auch Unüberlegtheit, Unwissenheit, Launen oder Gleichgültigkeit dahinter. Es gibt genauso viele Totschlagargumente, wie Sterne am Himmel. Um sie alle aufzuzählen, sind es viel zu viele. Darum sind hier nur einige davon aufgeführt:

- Es gibt bedeutend wichtigeres.
- Das kann jeder behaupten.

- Den Versuch haben schon andere gestartet.
- Das ist alles nicht belegbar.
- Darüber wird ein anderes Mal gesprochen.
- Bisher sind wir gut ohne ausgekommen.
- Da habe ich keinen Einfluss drauf.
- Bei anderen mag das funktionieren, hier nicht.
- Das passt nicht ins Firmenkonzept.
- Das geht viel zu schnell.

Wie Sie richtig auf Killerphrasen reagieren

Killerphrasen sind wie der Faustschlag von Mike Tyson. Unvermittelt und ohne Vorwarnung liegen Sie auf der Matte und sind einfach ausgeknockt worden. Nur selten können Sie diese Killerargumente vorhersehen und sich auf die Wucht und Schlagkraft vorbereiten. Darum gibt es nur zwei Reaktionen, mit denen Sie Killerphrasen begegnen können. Rückzug oder Gegenangriff!

Wer Totschlagargumente an den Kopf geworfen bekommt, nimmt instinktiv eine defensive Position ein und zieht sich verängstigt zurück. Das ist ein großer Fehler. Denn damit gewinnt der Totschläger, ohne überhaupt ein sinnvolles Argument hervorgebracht zu haben. Nutzen Sie hingegen den Gegenangriff, schlagen Sie den Gegner mit seinen eigenen Waffen. „Sie reden auch viel, wenn der Tag lang ist“ oder „was wissen Sie denn schon?“ sind nur einige Beispiele, um dem Gegner ganz schnell Mundtot zu machen. Das ist eine menschliche Reaktion, die allerdings zur Eskalation führen kann. Denn damit machen Sie den Angreifer lächerlich. Wenn ein Kollege beispielsweise sagt:

„Auf dieses Produkt wartet niemand auf der Welt“, können Sie folgendermaßen reagieren: „Als es damals noch Postkutschen gab, haben die Menschen das Gleiche über Autos gesagt.“ Oder: „Sie kennen doch den Spruch: das haben wir immer so gemacht. Das war der Lieblingsspruch meines ehemaligen Chefs, dessen Firma es übrigens nicht mehr gibt!“ Genau ins Schwarze getroffen und Schiff versenkt! Die Punkte bei diesem Match gehen an Sie.

Da Sie die sachliche Ebene verlassen, wirken solche Äußerungen negativ. Es ergibt sich daraus schnell ein heftiger Schlagabtausch, durch den viel böses

Blut entsteht. Sie haben aber noch eine Option. Diese heißt, Killerphrasen einfach ignorieren! Während Ihres Vortrags kommt aus den Zuhörerreihen folgender Satz: „Das funktioniert sowieso nicht!“ Lassen Sie sich davon nicht aus der Ruhe bringen, fahren Sie einfach mit Ihrem Vortrag fort und würdigen Sie die Person keines Blickes. Indem Sie keinen Mucks machen, mit keinem Wort darauf eingehen und auch die Miene nicht verziehen kann es allerdings passieren, dass der Angreifer noch aggressiver wird. Außerdem können sich Killerphrasen in den Köpfen der anderen Zuhörer festsetzen, wenn Sie diese nicht entkräften, sondern einfach ignorieren.

Ignoranz steht daher als Reaktion nur auf Platz zwei oder drei. Nehmen Sie lieber den geworfenen Ball auf und werfen Sie ihn geschickt zurück:

Verlangen Sie von Ihrem Angreifer eine Erklärung!

Wenn Ihr Kollege behauptet, dass das so nie funktioniert und dabei wissend und höhnisch lacht, sollten Sie Rückfragen stellen. Fragen Sie, warum das nicht funktionieren sollte, oder stellen Sie die Frage in den Raum, was mit der Aussage gemeint ist. Mit etwas Glück entsteht aus dem Totschlagargument eine ruhige, sachliche Diskussion. Lassen Sie Totschlagargumente niemals einfach im Raum stehen. Damit geben Sie diesem ein deutlich höheres Gewicht. Nehmen Sie die Killerphrasen auf und zerlegen Sie diese.

Erklären Sie Zusammenhänge!

Das Totschlagargument „Da kommt am Ende sowieso nichts bei raus" kontern Sie sehr gut mit folgender beispielhafter Reaktion: „Wenn der Kundensupport vollständig digitalisiert wird, kommen dabei 10.000 Euro monatlich am Ende heraus, weil..." Damit übermannen Sie den Angreifer mit Wissen und Kompetenz.

Voraussetzung ist dafür, dass Sie sich intensiv mit dem Thema beschäftigt und die Präsentation sauber ausgearbeitet haben. Dann hat sie die Substanz, um mit prägnanten Zahlen, Fakten und Statistiken zu überzeugen.

Erfolgsbeispiele aufzeigen und präsentieren!

Ein immer gerne genutztes Totschlagargument ist: „Das kann nicht funktionieren“ oder „das funktioniert vielleicht im Einzelhandel aber nicht im produzierenden Unternehmen“. Richtig reagieren Sie darauf mit folgender Argumentation: „Das ist nicht richtig. Das amerikanische Unternehmen XY hat das vor 3 Jahren ähnlich gemacht und damit sehr gute Ergebnisse erzielt. Bei ihnen wurde damals...“. Wer Erfolgsbeispiele mit Anknüpfungspunkten zum eigenen Unternehmen vorbringen kann, zeigt Hintergrundwissen. Sammeln Sie bei der Erstellung der Präsentation Expertisen von anderen Unternehmen, mit denen Sie Ihre Argumentation begründen können. Nachteilig könnte dabei allerdings sein, dass Ihnen vorgeworfen wird, bei denen abgekupfert zu haben.

Checkliste:

Was bei Totschlagargumenten zu machen ist!

Wenn Ihnen Killerphrasen an den Kopf geworfen werden, sollten Sie diese wichtigen Hinweise beherzigen:

- ✔ Totschlagargument aufgreifen
- ✔ nicht im Raum stehen lassen
- ✔ stellen Sie Rückfragen
- ✔ nicht aus der Ruhe bringen lassen
- ✔ argumentieren Sie sachlich
- ✔ nehmen Sie Gegenargumente ernst
- ✔ zeigen Sie Zusammenhänge auf
- ✔ beweisen Sie Kompetenz

Rhetorik! – immer die richtigen Fragen, um Sub Botschaften zu übermitteln

Rhetorik ist nicht nur was Sie sagen, sondern viel mehr, wie Sie etwas zum Ausdruck bringen. Das ist die wissenschaftliche Seite von Rhetorik. Sehr gut beobachten lässt sich diese bei großen Rednern wie Steve Jobs und Barack Obama. Ihre Reden waren wie eine Darbietung, ähnlich wie ein Theaterstück. Die Reden übermittelten den Zuhörern ein unbeschreibliches, rhetorisches Talent, Charisma und Präsenz, wodurch die Reden sehr viele Menschen überzeugten. Es wurden wichtige Botschaften beeindruckend rübergebracht. Damit wurde das Ziel erreicht, den Zuhörer zu überzeugen und bestenfalls dazu zu bringen, die vermittelte Meinung zu übernehmen und dementsprechend zu handeln.

Sie haben bestimmt schon einmal folgenden Satz gehört: „Wer fragt, der führt!“ Dieser Aspekt ist bei Rhetorik auch sehr wichtig und gehört daher zu den rhetorischen Techniken. Denn wer fragt, hat die Zügel in der Hand, um ein Gespräch in die richtige Richtung zu lenken, den Zuhörer zu manipulieren und Dominanz auszuüben.

In Fragen steckt aber noch viel mehr. Wenn Sie sich selbst oder einem sehr guten Freund mit besten Absichten rhetorische Fragen stellen, können diese zum Nachdenken anregen. Werden die richtigen Fragen gestellt, könnte diese ein guter Ansatz für eine Lösung sein. Das ist möglich, weil bei rhetorischen Fragen im Subtext immer eine Botschaft übermittelt wird. Sie beinhalten eine spezielle Aussage. Hinter solchen Fragen kann sich auch ein kleiner Persönlichkeitstest verbergen.

Sind Sie in der Lage, genau die richtigen Fragen zu stellen? Schon allein die Frage hört sich weniger nach einem Kommando an, sondern signalisiert Offenheit. Zudem lassen sich Ansprechpartner damit in die gewünschte Richtung lenken. Genauso hätte die Frage auch folgendermaßen lauten können: „Stellen Sie die richtigen Fragen?“ Doch damit wäre es keine rhetorische Frage mehr, sondern ein Appell! Damit Sie erkennen, was in rhetorischen Fragen steckt, erhalten Sie nun 25 Fragen, zusammen mit den versteckten Sub Botschaften: Was würden Sie machen, wenn...? Damit bringen Sie jemanden dazu, über den Tellerrand hinauszuschauen.

1. Was würden Sie anders machen, wenn...? Dahinter steckt konkret eine vage Kritik

2. Wenn Sie an meiner Stelle wären...? Damit lässt sich Führungspotenzial herausfinden, Chancen erkennen und den Gesprächspartner ermuntern.

3. Wie würden Sie die Sache kommunizieren...? Damit werden Kommunikationsstärke und die Reaktion der anderen visualisiert.

4. Auf einer Messlatte von 1 bis 10...? Damit können Emotionen in eine objektive Richtung gelenkt werden.

5. Woran arbeiten Sie gerade...? Damit lässt sich aktuelles Engagement und Vakanzen herausfinden.

6. Was muss geschehen, um Sie...? Damit werden Optionen geschaffen und Verhandlungsbereitschaft demonstriert.

7. Was können WIR machen, um...? Das zeigt Verbundenheit.

8. Was können wir JETZT machen...? Damit wird eine unmittelbare Lösung herbeigeführt.

9. Was sind die größten Herausforderungen...? Damit lassen sich Grenzen herausfinden.

10. Was haben Sie daraus gelernt...? Damit finden Sie die Lernfähigkeit und Analysestärke heraus.

11. Sie wollen also sagen...? Damit lassen sich Wortschlampereien und Verschleierungsversuche hinterfragen.

12. Würden Sie dem so zustimmen...? Damit testen Sie die Grenzen des Gesprächspartners aus.

13. Haben Sie eine Erinnerung daran...? Damit lassen sich Analogien erkennen und das Gedächtnis überprüfen.

14. Haben Sie sich das genau überlegt...? Hiermit hinterfragen Sie Analysestärke und Sorgfalt.

15. Haben Sie auch daran gedacht, dass...? Diese Suggestivfrage ist eher eine Belehrung als ein guter Rat.

16. Haben Sie daran gedacht, dass...? weniger suggestiv, sondern soll zum Nachdenken anregen.

17. Wie würden Sie an die Sache herangehen? Testet und motiviert gleichzeitig zu mehr Kreativität.

18. Wie haben Sie damals eine Lösung herbeigeführt...? Damit lassen sich frühere Erfolge und daraus gewonnene Erkenntnisse herausfinden.

19. Wie würden Sie das einschätzen...? Es wird sich um Objektivität bemüht und auf nachprüfbare Fakten fokussiert.

20. Welche Alternativen sind vorhanden…? Das ist eine Ermutigung für grenzenlose Gedanken und offene Diskussionen.

21. Was passt dazu…? Bei dieser Frage liegt der Fokus auf dem roten Faden und essenziellen Synergien.

22. Wer ist der gleichen Meinung…? Damit lässt sich das Ausmaß des Interesses an einer bestimmten Sache ausloten.

23. Haben Sie gefragt, dass…? Damit hinterfragen Sie die Fragen einer anderen Person.

24. Haben wir noch etwas Wichtiges vergessen…? Damit gehen Sie auf die Suche nach neuen Fragen.

Systemische Frage: Damit übernehmen Sie die Gesprächsführung

Seit Stunden geht es in der Diskussion keinen Schritt weiter, die Gespräche haben sich festgefahren und für das Problem scheint sich keine Lösung abzuzeichnen. Egal, was Sie machen, Sie stecken mit dem Team oder einem Geschäftspartner an einem bestimmten Punkt fest. Ist das die Endstation? Nein! Solche Dinge passieren immer wieder und gestalten sich wenig angenehm. Allerdings lassen sich solche Situationen durch systemisches Fragen recht schnell lösen und Sie können dabei sogar die Gesprächsführung übernehmen.

Es gibt nicht nur diese W-Fragen, die zu den Klassikern gehören, sondern zwei spezielle Fragetechniken, die Sie sehr gut nutzen können:

Geschlossene Fragen:

Darauf wird grundsätzlich nur mit „Ja“ oder „Nein“ geantwortet. (Haben Sie das Projekt schon fertig?)

Offene Fragen:

Damit räumen Sie dem Gefragten einen gewissen Spielraum ein, sodass dieser etwas ausschweifender berichten kann. (Was macht denn das Projekt?)

Gerade diese beiden Fragetechniken sollten Sie fest in Ihr Repertoire aufnehmen.

Denn die speziellen Rückfragen sind überall, beispielsweise bei Mitarbeitergesprächen, Smalltalk, Diskussionen, zu Hause und bei einem Vorstellungsgespräch einsetzbar.

Bei systemischen Fragen geht es weniger darum, Erkenntnisse zu erlangen, sondern vielmehr darum, den Gesprächspartner zum Nachdenken anzuregen, neue Perspektiven aufzuzeigen und ihm damit die Chance einzuräumen, über den Tellerrand hinauszuschauen. Gerade bei festgefahrenen Gesprächen und Diskussionen lösen Sie damit Denkblockaden und bringen neuen Wind in die Gesprächsrunde. Es gibt sogar einige Fragen, die bestens in einer Diskussionsgruppe funktionieren. Für ein gutes Gelingen bei der Verwendung von systemischen Fragen, sollten bei der Anwendung drei Grundsätze Beachtung finden:

1. Sobald Sie systemische Fragen stellen, übernehmen Sie automatisch die Führung des Gesprächs. Wenn Ihnen durch Ihre Stellung und die Hierarchie im Unternehmen die Hände gebunden sind, sollten Sie das vorab mit Ihrem Vorgesetzten absprechen und sich rückversichern.
2. Systemische Fragen regen nicht nur zum Nachdenken an. Mitunter können Zuhörer Sie komplett falsch verstehen. Darum ist es grundsätzlich wichtig, dass Sie eindeutige Formulierungen verwenden, um niemanden mit den Fragen anzugreifen oder bloßzustellen.
3. Wer möchte, dass sich andere von eingefahrenen Denkmustern trennen, muss selbst überaus flexibel sein. Denn es passt nicht, wenn Sie zu mehr Flexibilität auffordern und selbst jede vorgebrachte Idee als Träumerei und unsinnig abtun.

Genauso wie alle anderen Methoden, egal, ob bei Rhetorik oder Schlagfertigkeit, brauchen Sie ein wenig Übung, bevor Sie systemische Fragen richtig einsetzen können.

Üben Sie mit Freunden, der Familie oder Bekannten und führen Sie Testgespräche durch, bis Sie sich sicher fühlen. Anschließend werden Sie feststellen, dass sich im Job oder Privatleben mit systemischen Fragen großartige Erfolge erzielen lassen.

Es gibt mehrere, unterschiedliche Fragearten, die beim systemischen Fragen eine besondere Funktion erfüllen und in der Praxis miteinander kombinierbar sind, wenn dafür Bedarf besteht. Mit diesen Kombinationen lassen sich Gespräche und Diskussionen in eine bestimmte Richtung lenken, die sich gerade sinnvoll darstellt. Diese sechs Fragearten kommen beim systemischen Fragen am häufigsten vor:

Zirkuläre Fragen:

Damit gelingt es Ihnen, die aktuelle Gegebenheit aus einem anderen Blickwinkel zu betrachten und dadurch neue Lösungsmöglichkeiten zu entwickeln. Dabei lässt sich die eigene Meinung genauer unter die Lupe nehmen. Andere Perspektiven werden dadurch eher gesehen und verständlich. Wenn Sie wollen, dass der Blickwinkel einer bestimmten Person angenommen wird, sollte diese anwesend sein. So besteht die Möglichkeit die spezielle Perspektive zu hinterfragen.

Gleichzeitig ergibt sich ein Feedback, welche Wirkung Sie auf andere haben. Ein paar Beispiele für zirkuläre Fragestellungen:

✔ Welche Verhaltensweise erwartet Ihr Partner?

✔ Wie würde Ihr Vorgesetzter das Vorgehen einschätzen?

✔ Was für eine Meinung hat eine neutrale Person dazu?

✔ Wie würde Ihr Lebensgefährte darüber denken?

✔ Was würden Ihnen Ihre Freunde für einen Rat geben?

✔ Warum reagiert die andere Person so?

Lösungsorientierte Fragen:

In Diskussionen kreisen die Fragen häufig um Defizite und Probleme einer Situation oder eines Projekts. Indem Sie lösungsorientierte Fragen stellen, lenken Sie die Aufmerksamkeit auf mögliche Lösungsansätze und Ressourcen, die bisher außer Acht gelassen wurden. Damit lenken Sie die Diskussion in eine positive Richtung, anstatt nur darüber zu reden, was alles nicht richtig funktioniert. Ein paar Beispiele:

✔ Welche Probleme sind bereits aus der Welt geschafft?

✔ Was ist nötig für einen problemlosen Ablauf?

✔ Mit welchen Mitteln lässt sich ein weiteres Problem vermeiden?

✓ Wann ist es gut gelaufen?

✓ Wer hat eine hohe Wichtigkeit für den Erfolg?

✓ Welchen Möglichkeiten sollte unbedingt Beachtung geschenkt werden?

Hypothetische Fragen:

Mit diesen Fragen laden Sie die Diskussionspartner zu gedanklichen Experimenten ein.

Auch wenn diese nicht direkt zu einer Lösung führen, ergeben sich daraus neue Ansätze. Darüber hinaus kann durch diese Fragestellungen herausgefunden werden, ob die Idee überhaupt zielführend ist oder lieber beiseitegelegt werden sollte. Diese beliebte Fragen-Strategie wird gerne dafür genutzt, um mehr kreative Energie freizusetzen. Das gelingt mit folgenden Beispielen:

✓ Wie würden Sie das Problem angehen, wenn unbegrenztes Budget zur Verfügung stehen würde?

✓ Was würden Sie machen, wenn Sie keine Angst davor hätten zu scheitern?

✔ Wie würde Ihr Traumjob aussehen, wenn Sie diesen selbst gestalten könnten?

✔ Was wäre, wenn Ihr Chef Sie morgen ganz spontan befördern würde?

✔ Was würden Sie machen, wenn andere Personen davon nicht betroffen wären?

✔ Was würde geschehen, wenn Sie das gesetzte Ziel morgen erreichen?

Wunderfragen:

Wunderfragen sind nichts anderes als hypothetische Gedankenspiele, die sich deutlich extremer gestalten.

Sie sollen dazu anregen, Fantasien freien Lauf zu lassen und über den eigenen Horizont hinaus zu blicken. Solche Fragen sind perfekt, um Wege und Lösungen zu finden, auch wenn die Situation ausweglos erscheint. Beim Befragten stellen sich zudem positive Gefühle, positive Gedanken und neue Motivation ein. Hier ein paar Beispiele:

✔ Was wäre, wenn es das Problem plötzlich nicht mehr gäbe?

✔ Was wäre, wenn Sie das Projekt bis morgen noch fertigbekommen?

✔ Sie gewinnen morgen den Jackpot: Was geschieht dann?

✔ Malen Sie sich einmal aus, Sie bekommen morgen ein Angebot für Ihren Traumjob: Was würde sich ändern?

✔ Angenommen, der nächste Chef ist perfekt: Wie geht es anschließend weiter?

Begründungsfragen:

Diese Fragestellungen zielen darauf ab, dass der Gesprächspartner sein Handeln reflektiert und gleichzeitig eine Begründung abgibt. Damit erhalten Sie einen guten Einblick in die Denkweisen des anderen und können seine Ansichten besser nachvollziehen.

Gleichzeitig dienen diese systemischen Fragen dazu, angebliche Tatsachen genauer zu beleuchten und zu hinterfragen oder eindimensionale Betrachtungsweisen zu bestimmten Sachverhalten neu zu gestalten. Ein paar Beispiele:

✔ Warum wollen Sie diesen Weg für die Problemlösung gehen?

✔ Wann hat sich bei Ihnen diese Ansicht eingestellt?

✔ Warum sollte keine andere Möglichkeit in Betracht gezogen werden?

✔ Können Sie mir noch einmal Ihr Vorgehen genauer erklären?

✔ Welche Erfahrungen liegen gemäß Ihrer Meinung zugrunde?

Skalierende Fragen:

Diese systemischen Fragen erlauben Ihnen, gleich zwei Ziele zu erreichen: Sie reduzieren temporär die Komplexität eine Situation und setzen gleichzeitig Problemstellungen in den richtigen Blickwinkel. Mit den richtigen Fragen verliert das Problem an Größe, sodass es sich leichter bewältigen lässt.

Darüber hinaus lassen sich mit diesen Fragen subjektive Einschätzungen besser messbar machen. Dazu ein paar Beispiele:

✔ Wie beurteilen Sie den aktuellen Sachverhalt auf einer Richterskala von 1 bis 10?

✔ Wenn Sie den perfekten Tag mit 10 bewerten: Wie bewerten Sie denn den heutigen Tag?

✔ Wie viel Glück empfinden Sie in Ihrer aktuellen Beziehung, wenn Sie dieses von 1 bis 10 bewerten?

✔ Welchen Stellenwert haben bei Ihnen die momentanen Schwierigkeiten im Vergleich zu früheren Vorkommnissen?

✔ Auf einer Messlatte von 1 bis 10: Wie entspannt sehen Sie Ihrer Entscheidung?

Paradoxe Fragen:

Mit diesen Fragen lassen sich auch Probleme einordnen. Allerdings haben sie die Wirkung, dass daraus kreative Lösungsansätze entspringen können. Die Fragestellung wird dabei ins Gegenteil umgekehrt. Natürlich sind nicht alle daraus entstehenden Ideen umsetzbar. Doch aus den Ideen ergeben sich vielfach gute Ansätze, da mehr Zeit und Energie darauf verwendet wird, um Gedanken weiterzuführen. Oftmals ergeben sich Dinge, an die sonst niemand gedacht hat.

Diese Wirkung wird sich aber nur einstellen, wenn der Befragte dazu bereit ist, sich auf die Fragestellungen ernsthaft einzulassen. Ein paar Beispiele:

✔ Wie viele schlechte Gewohnheiten brauchen Sie noch, um der Gesundheit noch mehr Schaden zuzufügen?

✔ Wie lässt sich die negative Situation noch verstärken?

✔ Was funktioniert auf gar keinen Fall?

✔ Wie gelingt es Ihnen, dass das Projekt komplett scheitert?

✔ Was können Sie machen, um die Beförderung zu verhindern?

So wenden Sie systemische Fragen richtig an

Sie müssen selbst herausfinden, welche Fragen in den verschiedenen Situationen effektiv und sinnvoll sind. Doch seien Sie sich immer bewusst, dass derjenige, der die Fragen stellt, das Gespräch führt. Üben Sie die unterschiedlichen Fragearten, um Sicherheit zu erlangen. Denn nicht nur die Wirkung, sondern auch die Nebenwirkung ist enorm und sollte nicht unterschätzt werden.

Nutzen Sie die Fragetechniken zielgerichtet und gut dosiert. Haben Sie einen Gesprächspartner mit hohem Mitteilungsbedürfnis, eignet sich dieser perfekt, um ihn aus bekannten Denkmustern herauszuführen, wenn er bereit dazu ist. So lassen sich gut kreative Lösungsansätze entwickeln. Bitte vermeiden Sie, den Gesprächspartner unter Druck zu setzen. Er sollte Zeit haben, damit sich Ideen und Gedanken entwickeln können.

Es gibt keine Denkverbote und vorschnelle Bewertungen, ähnlich wie bei einem Brainstorming, bei dem jede Idee einfach ausgesprochen wird.

Wichtig ist, dass zwischen Ihnen und dem Gesprächspartner ein Vertrauensverhältnis besteht, das auch Belastungen gewachsen ist. Es gibt nämlich systemische Fragen, die sehr intim sind und ans Eingemachte gehen. Für lösungsorientierte Dialoge ist daher gegenseitiges Vertrauen extrem wichtig.

Rhetorik und Schlagfertigkeit lernen für mehr Selbstsicherheit

Sie begegnen im Leben immer wieder Situationen, wo andere Menschen es schaffen, Ihre Selbstsicherheit und das Selbstbewusstsein ins Wanken zu bringen. Ein gezielter Satz oder eine spezielle Fragestellung sorgen bereits dafür, dass Sie sich dumm, klein und wertlos fühlen. Anschließend gehen Sie mit sich selbst hart ins Gericht und zeigen sich Ihre eigenen

Schwächen auf. Dabei verlieren Sie Ihre Stärken komplett aus den Augen.

Das passiert sogar, wenn Sie in Ihrem tiefsten Inneren genau wissen, dass Sie mit Ihrer Meinung und den Thesen absolut richtig liegen. Sie haben Angst davor, der anderen Person Paroli zu bieten, weil Ihnen die passenden Worte fehlen, um sie zum Schweigen zu bringen. Sie fressen solche Situationen in sich hinein, was letztendlich die eigene Psyche belastet. Das Bild, was andere Menschen von Ihnen haben, verschlechtert sich auch, weil darunter Ihr Ansehen leidet.

Was heißt Selbstsicherheit?

Selbstsicherheit wird oftmals mit Selbstbewusstsein und Selbstwertgefühl in einen Topf geworfen, obwohl das nicht ganz richtig ist. Denn Selbstsicherheit wird grundsätzlich als die Fähigkeit definiert, im sozialen Umfeld so zu handeln und aufzutreten, um die eigenen Rechte und Bedürfnisse zu befriedigen und gleichzeitig keine anderen Menschen dadurch einzuschränken. Daher geht es nicht um das eigene Wahrnehmen wie beim Selbstbewusstsein, sondern um soziale Kompetenz. Eng verbunden ist damit, dass Sie Ihre eigenen Ansprüche kennen, diese ansprechen und durchsetzen.

Geringe Selbstsicherheit hat eine große Wirkung nach innen und nach außen. Wem es an Selbstsicherheit fehlt, zieht sich oftmals zurück, versucht nicht aufzufallen, vermeidet Fehler und Risiken und bleibt am liebsten im Hintergrund. Dahinter verbirgt sich große Angst vor sozialer Ablehnung und zu versagen. Es geht nur noch darum, nicht aufzufallen, anzuecken und nicht wahrgenommen zu werden. Damit werden sich sämtliche Chancen verbaut, wichtige Zielsetzungen zu erreichen und das eigene Leben im Privaten und im Job mitzugestalten.

Dann gibt es das andere Extrem, wo geringe Selbstsicherheit gekonnt überspielt wird. Damit wird nach außen ein hartes, unnahbares Image dargestellt und dabei andere in die Enge getrieben und verletzt.

Beide Extreme von fehlender Selbstsicherheit lassen sich vor anderen Menschen nur schwer verbergen, insbesondere, wenn der Gesprächspartner feine Antennen hat. Er bekommt sofort die Unsicherheit mit und merkt, dass Sie mit ihm nicht auf Augenhöhe sind. Genauso lassen sich aber auch selbstsichere Menschen schnell erkennen.

Diesen wird jeglicher Respekt entgegengebracht. Es gibt sogar einige besondere Verhaltensmuster, die Menschen mit geringer Selbstsicherheit an den Tag legen. Dazu gehören:

- Körpersprache und Körperhaltung
- Zustimmung
- Zurückhaltung und fehlende Schlagfertigkeit

Körpersprache und Körperhaltung

Wer den Kopf einzieht, Blickkontakt vermeidet, nervös herumzappelt und nicht die passenden Worte findet, hat wenig Selbstsicherheit und möchte sich am liebsten nur klein machen und verstecken. Diese kleinen Gesten werden unbewusst durchgeführt, aber vom Gegenüber sofort wahrgenommen. Daher ist es wichtig, dass Sie genau auf solche Mikrogesten und auf Ihr eigenes Auftreten achten. Versuchen Sie sich selbst zu beobachten und finden Sie heraus, welche Bewegungen und Gesten der Gesprächspartner als Unsicherheit deutet.

Genau an dieser Stelle können Sie nun starten, um mehr Selbstsicherheit aufzubauen. Ein wenig Übung ist schon notwendig, um selbstsicherer aufzutreten und sich gegen die Schlagfertigkeit von anderen zu wehren.

Zustimmung

Wenn Sie anderen Personen immer zustimmen und „Ja“ sagen, werden Sie damit nicht sympathischer. Gleichzeitig erreichen Sie, dass Sie weniger Respekt entgegengebracht bekommen. Denn es ist grundsätzlich unmöglich, es jedem recht zu machen und gleicher Meinung zu sein. Es gehört Mut dazu, „Nein“ zu sagen und damit zu zeigen, dass man Courage hat und für die eigene Meinung eintritt.

Doch genau dieses vermittelt ein selbstsicheres Auftreten. Halten Sie sich ruhig vor Augen, dass aus „everybody´s darling“ ganz schnell „everybody´s Hampelmann wird.

Außerdem sollten Sie nicht vergessen, dass diejenigen, die es allen recht machen wollen, selbst auf der

Strecke bleiben und die eigenen Ziele niemals verwirklichen. Kompromissbereitschaft ist sicherlich eine gute Eigenschaft. Dennoch dürfen Sie nicht aus dem Blickfeld verlieren, was Ihnen wichtig ist und genau dafür sollten Sie einstehen.

Zurückhaltung und fehlende Schlagfertigkeit

Sich in der Mittagspause absondern und allein am Tisch sitzen oder im Meeting nicht die eigene Meinung äußern, deutet auf fehlende Selbstsicherheit hin, auch wenn es mitunter als besondere Form von Bescheidenheit gesehen wird. Trotzdem verbreiten Sie damit nicht den Eindruck von großer Selbstsicherheit, sondern wirken viel eher wie eine kleine, graue Maus. Gerade bei Diskussionen erzeugen Sie noch ein viel schrecklicheres Bild, wenn Sie sich nicht beteiligen, den neutralen Beobachter spielen und dem Ergebnis einfach zustimmen. Denn Sie zeigen nicht nur, dass es Ihnen an Selbstsicherheit fehlt, sondern dass Sie auch kein Rückgrat haben.

Welche Anzeichen stehen für mangelnde Selbstsicherheit?

Nicht nur, dass andere Ihre fehlende Selbstsicherheit bemerken, auch Sie selbst können das in vielen Situationen feststellen. Die Szenarien sind extrem vielfältig. Um Ihnen aber einen kleinen Einblick zu geben, sind nachfolgend die häufigsten für Sie aufgelistet:

- Sie fühlen sich unsicher und unwohl, wenn neue Umstände und Situationen eintreten.
- Sie haben Schwierigkeiten, Ihre Meinung zu vertreten und schlagfertig zu antworten.
- Sie suchen immer zuerst bei sich selbst die Schuld.
- Sie können Lob und Zuspruch von anderen nur schwer annehmen.
- Angst, sich zu blamieren ist Ihr ständiger Begleiter, obwohl es dafür keinen Grund gibt.
- Sie haben große Probleme, sich durchzusetzen.

Wenn bereits diese Punkte auf Sie zutreffen, wird es höchste Zeit, dass Sie an Ihrer Selbstsicherheit arbeiten, Ihre Körpersprache neugestalten, sich mit Rhetorik auseinandersetzen und Schlagfertigkeit üben.

7 Wege, um Selbstsicherheit zu trainieren

Geringe Selbstsicherheit hat die negative Eigenschaft, sich selbst immer weiter zu verstärken. Ist das Ausmaß groß genug, leidet sogar das Selbstbewusstsein. Sie begeben sich automatisch in eine Abwärtsspirale, die Sie erst einmal durchbrechen müssen, um selbstsicherer zu werden. Auch wenn Ihnen andere Personen sagen, dass Sie dafür einfach auf andere Menschen zugehen müssen, ist das gerade am Anfang der schwierigste Schritt. Zu Beginn werden Ihnen aber diese folgenden Möglichkeiten bedeutend leichter fallen.

1. **Hören Sie auf, sich mit den falschen Menschen zu vergleichen!**

Es ist wichtig, sich mit anderen zu vergleichen, da sich damit das Selbstbild vervollständigen lässt. Sie wollen schließlich wissen, wo Sie stehen und was andere Menschen mitunter anders machen. Wenn Sie sich allerdings mit den falschen Menschen vergleichen, ist das ein riesiger Fehler. Zu dieser Kategorie zählen diejenigen, die erfolgreicher sind, aber ganz andere Werte haben, oder solche, mit unerreichbaren Idealen. Daneben fühlen Sie sich garantiert klein und unscheinbar.

Damit haben Sie die Weichen auf noch weniger Selbstsicherheit gestellt. Es entwickelt sich das Gefühl, nicht gut genug zu sein. Richten Sie Ihren Blick nach innen, anstatt zu schauen, wie großartig andere Menschen doch sind.

2. **Rufen Sie sich die Ursachen für die geringe Selbstsicherheit ins Gedächtnis!**

Mehr Selbstsicherheit erlangen Sie, wenn Sie Ursachenforschung betreiben. Kramen Sie nach Situationen in Ihrem Gedächtnis, wo Sie besonders unsicher waren und wodurch die Unsicherheit ausgelöst wurde. Wenn Sie wissen, was der Grund für Ihre Unsicherheit ist, können Sie aktiv dagegen vorgehen. Krempeln Sie die Ärmel hoch und bekämpfen Sie die Ursache. Erstellen Sie einen Plan, was Sie gerne ändern möchten. Fehlt es Ihnen an Selbstsicherheit im Job, wenn bestimmte Situationen eintreten? Um selbstsicherer zu werden und bestimmten Situationen selbstbewusst zu begegnen, ist die Kunst des Redens und Schlagfertigkeit eine perfekte Grundlage. Denn mit den richtigen Worten können Sie sich perfekt gegen verbale Angriffe wehren, vor allen Dingen, wenn Sie genau wissen, dass Sie im Recht sind und das auch belegen können.

Üben Sie gezielt Ihre Körpersprache, Ausdrucksweise, schulen Sie die Stimme und eignen Sie sich systematische Fragen an, um Sub Botschaften zu übermitteln. Und rufen Sie sich immer ins Gedächtnis, dass Sie sich vor nichts und niemandem verstecken müssen.

3. Schreiben Sie Dinge auf, worauf Sie besonders stolz sind!

Damit Sie Ihre eigenen Fähigkeiten und Stärken nicht vergessen, sollten Sie diese aufschreiben und gut sichtbar aufhängen, damit Sie immer daran erinnert werden. Sehen Sie, was Sie in Ihrem Leben bereits alles erreicht haben? Dazu gehören nicht nur Gegebenheiten im Beruf, sondern auch private Erfolge. Wenn Sie einmal wieder einen Tag hatten, wo Sie sich selbst im Wege stehen und Anfeindungen von Kollegen ausgesetzt sind, blicken Sie auf Ihre Mindmap und machen Sie sich bewusst, dass es keinen Grund gibt, die Selbstsicherheit infrage zu stellen.

4. Nehmen Sie Einfluss auf die Menschen, die Sie umgeben!

Auch wenn Sie meist selbst bestimmen, wer sich in Ihrem Umfeld aufhalten darf, fällt das im Job oftmals schwer. Doch Selbstsicherheit bewahren Sie, wenn Sie schlagfertig sind und die richtigen Fragen stellen.

Mit bestimmten Fragestellungen haben Sie die Möglichkeit, Menschen zu manipulieren und die Richtung des Gesprächs vorzugeben. Wenn Sie dazu gleichzeitig die richtige Körpersprache einsetzen, übernehmen Sie die Gesprächsführung, können sich selbstsicher darstellen und gegen Verbalattacken perfekt zur Wehr setzen.

Gerade wenn Sie sich bisher zurückgehalten haben und plötzlich mit den richtigen Worten zurückschlagen, liegt der Überraschungseffekt auf Ihrer Seite.

5. Ohne Grund einfach öfter einmal lächeln!

Das mag Ihnen bestimmt merkwürdig vorkommen. Doch grundlos lächeln tut wirklich gut. Lächeln ist nämlich nicht nur eine Reaktion der Freude, sondern kann Freude auslösen und gleichzeitig Selbstsicherheit verleihen. Wissenschaftler haben festgestellt, dass durch Lächeln Glückshormone ausgeschüttet werden, auch wenn es keinen Grund zum Lächeln gibt. Ihre Laune wird besser und Angst verschwindet. Darüber hinaus wirkt Lächeln im Gespräch und bei Diskussionen entwaffnend. Sind Sie beispielsweise bei Ihrer nächsten Präsentation oder im kommenden Meeting Verbalattacken ausgesetzt, lächeln Sie selbstbewusst und wissend und kontern Sie mit der passenden Antwort oder einer systemischen Frage. Damit nehmen Sie die Kraft aus den Worten des Angreifers.

6. Üben Sie, egoistischer zu sein!

Auch wenn das zuerst einen bitteren Beigeschmack hat, werden Sie damit Ihre Selbstsicherheit stärken. Mit egoistischer werden ist gemeint, dass Sie sich Ihre Wünsche und Bedürfnisse bewusst machen, aufzeigen, was Sie nicht wollen und andere das zu respektieren haben. Ihre Wünsche und Bedürfnisse verleihen Sie mit der richtigen Rhetorik Nachdruck, sodass selbst Zweifler irgendwann einknicken und dieses akzeptieren. Damit erreichen Sie einen respektvolleren Umgang und demonstrieren mit großer Selbstsicherheit, dass Sie zu sich selbst und Ihren eigenen Vorstellungen und Wünschen stehen. So sind Sie auch in der Lage, Dinge zu fordern. Und niemand wird Sie mehr vertrösten.

7. Tragen Sie Kleidung, mit der Sie beeindrucken!

Ein toller Trick ist die eigene Kleidung, mit der Sie ein selbstsicheres Gefühl erzeugen können. Nicht umsonst gilt der Spruch: „Kleider machen Leute". In einem schicken Kleid oder Kostüm oder in einem edlen Anzug fühlen Sie sich nicht nur selbst besser, sondern treten auch ganz anders auf. Andere Menschen bekommen ein ganz anderes Bild von Ihnen und werden Ihnen mit mehr Respekt entgegentreten. Wichtig ist aber, dass Sie sich mit Ihrem neuen Kleidungsstil rundum wohlfühlen.

Sonst stellt sich der positive Effekt nicht ein, weil Sie die Wirkung erzeugen, verkleidet zu sein.

So funktioniert es mit mehr Selbstsicherheit

Es gibt auch weitere vielversprechende Möglichkeiten, um mehr Selbstsicherheit zu erlangen. Wichtig ist, dass Sie sich überwinden und aus den vielen Möglichkeiten schöpfen, die Ihnen zur Verfügung stehen.

- Wehren Sie sich mit der richtigen Rhetorik gegen Verbalattacken.
- Lassen Sie sich nicht reinreden und sagen Sie ganz selbstbewusst „Nein“.
- Versuchen Sie mit gezielten Fragen die Gesprächsführung zu übernehmen.

- Üben Sie unterschiedliche Stimmlagen, um mit der Tonalität Selbstsicherheit auszudrücken.
- Lassen Sie Einschüchterungsversuche nicht an sich heran und stehen Sie zu Ihren Argumentationen.
- Halten Sie den Blickkontakt zum Gesprächspartner bewusst aufrecht.
- Trainieren Sie Ihre Körpersprache, um dem Gesagten Nachdruck zu verleihen.
- Nutzen Sie die richtigen Fragen, um die Gesprächsführung zu übernehmen.
- Zeigen Sie Persönlichkeit und Rückgrat.

Diese Dinge sind in der Umsetzung oftmals recht schwierig. Doch, sobald Sie den Schritt über Ihren eigenen Schatten gemacht haben, werden Sie spüren, wie Sie selbstsicherer werden. Situationen, in denen Ihnen die Worte fehlen, gibt es nicht mehr, da Sie sofort schlagfertig auf Verbalattacken reagieren können. Sie werden stärker und selbstbewusster und öffnen sich damit Türen, die sonst verschlossen geblieben wären.

Rhetorik richtig anwenden und damit überzeugen

Sie haben bisher viele Informationen über Redekunst, Schlagfertigkeit, Körpersprache, die richtigen Fragestellungen und mehr Selbstsicherheit erfahren und einige Praxistipps erhalten. Klar ist, dass es einige Zeit dauern wird, bis Ihnen diese Dinge in Fleisch und Blut übergegangen sind. Doch was passiert, wenn Sie in der Phase des Lernens dazu aufgefordert werden, eine Präsentation zu halten?

Plötzlich macht sich wieder diese lähmende Angst breit, dass Sie versagen werden, sich lächerlich machen und den Anfeindungen Ihrer Kollegen ausgesetzt sind. Schieben Sie diese schlechten Gefühle beiseite. Sie haben die Präsentation fertiggestellt und suchen nun nach den richtigen Worten, mit denen Sie Ihre Ausarbeitung spannend vortragen und anschaulich argumentieren können. Doch wie bekommen Sie das am besten bewerkstelligt? Konfuzius hat einmal gesagt:

Zitat:

„Wer viel schießt, ist noch kein Schütze, und wer viel spricht, ist noch kein Redner."

Wer seine Hausaufgaben für die Präsentation richtig gemacht hat, präsentiert Fakten, die die Säulen des Vortrags darstellen. Ein guter Redner hat Begründungen und Belege für seine Argumentation, übersetzt Fachbegriffe in eine für jeden verständliche Sprache, wenn das nötig ist und bringt wichtige Zahlen, Fakten und Beweise wirkungsvoll anhand von überzeugenden Beispielen den Zuhörern nahe.

Überarbeiten Sie ruhig Ihre Präsentation noch einmal und binden Sie Illustrationen, Schaubilder, Fotos und weitere optische Hilfsmittel ein, gerade, wenn es um eine trockene Materie geht. Damit Argumente im Gedächtnis bleiben, wählen Sie eine farbige Sprache, formulieren Sie kurze Sätze und legen Sie die Konzentration auf wichtige Fakten. Lebendigkeit erzeugen Sie durch kurze Sätze. Mit Pausen, die richtig platziert sind, steigern Sie die Spannung. Ein schönes Beispiel dafür: „Das konnte niemand vorhersehen." -Pause- Ergebnis: „Aktuell sind wir mit unseren Entwicklungen ganz weit vorne.“ Wenn Sie dabei gleichzeitig das Sprechtempo und die Lautstärke Ihrer Stimme verändern, werden die gesagten Worte lebendig.

Nutzen Sie rhetorische beziehungsweise systemische Fragen, um das Publikum direkt anzusprechen. An dieser Stelle wird es garantiert zu Diskussionen kommen, da Sie dazu aufgefordert haben. Natürlich wird es Kollegen geben, die Ihre Äußerungen infrage stellen und behaupten, dass Sie nur Unsinn erzählen. Das sollte Sie nicht verunsichern.

Indem Sie im Vorfeld solche Dinge einplanen, haben Sie das beste Rüstzeug, um mit Einwänden, Störungen und Anfeindungen richtig umzugehen. Da Sie Ihre Hausaufgaben vor der Präsentation erledigt haben, können Sie mit schlagfertigen Argumenten Störenfriede in die Schranken weisen. Wie das funktioniert, wissen Sie ja bereits.

Bedenken Sie immer, dass der beste Lerneffekt immer dann entsteht, wenn Sie ins kalte Wasser springen und sich im Gespräch behaupten. Es gibt so viele Situationen im Leben, in denen geredet wird. Mal sind es fachliche Gespräche unter Kollegen, der

Smalltalk auf einer Veranstaltung, um neue Kontakte zu knüpfen und private Gespräche über wichtige Themen oder Streitpunkte, die einer Klärung bedürfen. Sie haben unendlich viele Chancen, Rhetorik und Schlagfertigkeit zu trainieren.

Treffen Sie sich mit Freunden und Bekannten, gehen Sie in eine Gaststätte und unterhalten Sie sich mit anderen Gästen über Unwichtiges und banales oder über Themen, die gerade in der Thekenrunde aktuell sind. Wichtig ist, sich einzubringen und die eigene Meinung zu vertreten. Gegenwind wird es immer geben. Es werden auch Situationen auftauchen, in denen Sie Ihre eigene Meinung revidieren müssen. Geben Sie ruhig zu, dass Sie in die falsche Richtung gedacht haben und dadurch ein fehlerhaftes Bild entstanden ist. Damit zeigen Sie, dass Sie nicht stur an Ihrer fehlerhaften Meinung festhalten, sondern durchaus bereit sind, in eine andere Richtung zu denken, wenn die Argumente überzeugen.

Das zeigt Größe.

Bösartige Anfeindungen sollten Sie nicht persönlich nehmen. Meist teilen Menschen nur aus, wenn Ihnen selbst schlagende Argumente fehlen. Mit den richtigen Fragen finden Sie schnell heraus, wie der Hase läuft und worauf sich die Anfeindungen begründen.

Mit Schlagfertigkeit, den richtigen Fragen und Totschlagargumenten können Sie sich perfekt gegen Verbalattacken wehren, gewinnen wieder Oberwasser und senden die richtigen Signale aus.

Selbstbewusstsein stärken

Haben Sie einmal Ursachenforschung betrieben und Überlegungen angestellt, warum Sie rhetorisch nicht überzeugen und schlagfertig reagieren? Dann sollten Sie einmal überlegen, worauf sich Ihre Unsicherheit begründet.

- Haben Sie Angst, dass Sie einen Fehler machen könnten?
- Trauen Sie sich nicht, Ihre Meinung zu äußern, weil Sie glauben das Sie in Ihrer Position dazu nicht berechtigt sind?

- Haben Sie Angst vor der Kritik von Vorgesetzten und Kollegen?

Diese und viele weitere Gründe können Ursache für ein mangelndes Selbstbewusstsein sein. Nutzen Sie einen ruhigen Moment, um aktuelle Situationen im Job und Privatleben genauer zu betrachten und zu durchleuchten und richten Sie anschließend den Blick in Ihr Inneres, um sich selbst besser kennenzulernen. Sie werden dabei Dinge entdecken, dessen Sie sich gar nicht bewusst sind.

Analysieren Sie Ihre positiven und negativen Eigenschaften und fertigen Sie dazu eine Liste an, indem Sie diese Fragen beantworten:

- Haben Sie eine hohe Empathie?
- Sind Sie ein witziger, lustiger Mensch?
- Wie gehen Sie mit Erfolgen um?
- Was bewirken Rückschläge?

Das Selbstbild und die Fremdwahrnehmung können mitunter weit auseinanderliegen. Über Ihre Selbsteinschätzung sollten Sie mit einem oder mehreren Personen sprechen, denen Sie vertrauen. Diese werden Ihnen ehrlich sagen, wie Sie auf andere wirken und gute Hinweise gehen. Bei unsicheren Menschen liegt ein deutlich größeres Gewicht auf den eigenen Schwächen. Dabei werden die Stärken vergessen. Das ist ein großer Fehler. Darum sollten Sie daran arbeiten, eine positive Einstellung zu sich selbst zu erlangen. Trennen Sie sich davon, perfekt sein zu wollen. Allen recht machen können Sie es nicht. Kein Mensch ist fehlerlos, selbst diejenigen, die ein ausgeprägtes Selbstbewusstsein haben und das mit Rhetorik und Schlagfertigkeit zur Schau stellen.

Jeder Mensch hat Stärken, auch Sie!

Legen Sie ruhig den Fokus darauf und entwickeln Sie den Glauben daran, dass Sie alles schaffen können, wenn Sie nur wollen! Damit führen Sie eine Veränderung der inneren Einstellung herbei, die Sie dazu motiviert, endlich etwas verändern zu wollen und über sich selbst hinauszuwachsen.

Jeder Mensch, der das Licht der Welt erblickt, ist individuell und entwickelt sich im Laufe des Lebens weiter.

Er arbeitet an seiner Persönlichkeit, entwickelt Selbstvertrauen, Selbstbewusstsein und Selbstsicherheit. Allerdings haben oftmals Fremdeinflüsse eine große Wirkung. Darum befinden sich Menschen immer wieder im Wandel, verändern sich, lernen dazu und feilen an Rhetorik, Körpersprache, überwinden Ängste und prägen damit die eigene Persönlichkeit. Sie verschwenden keinen Gedanken daran, dass sie nicht gut genug sind, dass andere besser sind, dass sie es nicht verdient haben, akzeptiert und gemocht zu werden. Sie sprechen sich keine Fähigkeiten ab, sondern sind in der Lage,

- ihre Meinung zu vertreten,
- Bedürfnisse und Wünsche zu äußern,
- Ärger und Unmut auszusprechen,
- Forderungen abzulehnen,
- neue Wege zu gehen und können
- Anerkennung und Lob annehmen.

Sie möchten auch zu diesen Menschen gehören, die selbstbewusst durchs Leben gehen und in jeder Situation Selbstsicherheit ausstrahlen? Arbeiten Sie an sich selbst, entwickeln Sie sich weiter und lernen Sie mit Rhetorik und Schlagfertigkeit andere Menschen zu überzeugen.

Redekunst ist erlernbar, wie viele andere Dinge, die Ihnen mehr Selbstbewusstsein und Selbstvertrauen geben. Springen Sie über Ihren Schatten und beginnen Sie mit Worten, Argumenten, Redewendungen und der Körpersprache zu spielen. Menschen haben die Gabe zu sprechen dafür bekommen, um sich auszudrücken und anderen mitzuteilen. Nutzen Sie endlich diese Fähigkeit, um über sich hinauszuwachsen!

Positive Kommunikation – Schlusswort

Mit diesem Buch haben wir uns auf eine faszinierende Reise begeben, um die Geheimnisse der positiven Kommunikation zu enthüllen. Wir haben die Macht der Körpersprache entdeckt, wie sie uns dabei hilft, uns selbst und andere besser zu verstehen. Wir haben gelernt, die nonverbalen Signale zu erkennen und zu nutzen, um unsere Botschaften authentisch und wirkungsvoll zu vermitteln. Doch damit nicht genug. Wir haben uns auch intensiv mit der Kunst der Rhetorik auseinandergesetzt, um unsere Worte mit Überzeugungskraft einzusetzen. Indem wir unsere Kommunikationsfähigkeiten erweitern, können wir nun mit Leichtigkeit positive Beziehungen aufbauen, Hindernisse überwinden und unsere Ziele erreichen. Ich hoffe, dass Sie die Erkenntnisse und Techniken aus diesem Buch in Ihrem Beruf und in Ihrem Alltag anwenden und dadurch eine noch bessere und positivere Kommunikation erleben. Nutzen Sie Ihr Wissen, um Ihre Beziehungen zu stärken und eine nachhaltige Wirkung auf andere Menschen zu haben. Denn positive Kommunikation ist der Schlüssel zu Erfolg und Erfüllung in allen Bereichen unseres Lebens. Möge dieses Buch Ihnen auf Ihrem Weg zu einer erfüllten und harmonischen Kommunikation ein wertvoller Begleiter sein.

Jesse Peterson

Das Buch von Jesse Peterson zum Thema **NLP** ist jetzt auch exklusiv auf Amazon verfügbar! Dazu einfach den QR-Code mit der Kamerafunktion des Handys scannen.

SCAN ME

Haftungsausschluss

Die Umsetzung aller enthaltenen Informationen, Anleitungen und Strategien dieses Werkes erfolgt auf eigenes Risiko. Für etwaige Schäden jeglicher Art kann der Autor aus keinem Rechtsgrund eine Haftung übernehmen. Für Schäden materieller oder ideeller Art, die durch die Nutzung oder Nichtnutzung der Informationen bzw. durch die Nutzung fehlerhafter und/oder unvollständiger Informationen verursacht wurden, sind Haftungsansprüche gegen den Autor grundsätzlich ausgeschlossen. Ausgeschlossen sind daher auch jegliche Rechts- und Schadensersatzansprüche. Dieses Werk wurde mit größter Sorgfalt nach bestem Wissen und Gewissen erarbeitet und niedergeschrieben. Für die Aktualität, Vollständigkeit und Qualität der Informationen übernimmt der Autor jedoch keinerlei Gewähr. Auch können Druckfehler und Falschinformationen nicht vollständig ausgeschlossen werden. Für fehlerhafte Angaben vom Autor kann keine juristische Verantwortung sowie Haftung in irgendeiner Form übernommen werden.

Urheberrecht

Impressum

Autor: Jesse Peterson

vertreten durch:

Publishing today LLC
4300 Ridgecrest Dr SE
Suite L #897
Rio Rancho
NM 87124

Printed in Germany
by Amazon Distribution
GmbH, Leipzig

30778397R00118